JULIUS MOSHAGE

Vom Oldtimer zum Rennwagen

Das Auto wurde nicht von heute auf morgen „erfunden", und die glänzenden Gebilde aus Stahl und Chrom, die heute über unsere Straßen rollen, haben nur noch wenig Ähnlichkeit mit den ersten „Schnauferln". Die aber waren das Produkt der zähen Arbeit und der Genialität von Männern, die von der Idee des „Selbstfahrers" besessen waren und sie gegen alle Widerstände und Rückschläge zum Siege führten. Daß es ausgerechnet die Frau von Carl Benz war, die den von ihm entwickelten Motorwagen auf einer „Schwarzfahrt" über 90 Kilometer heimlich erprobte, ist eines der überraschendsten und nettesten Kapitel aus dieser so spannend erzählten Geschichte des Automobils.

GÖTTINGER JUGENDBÜCHER

JULIUS MOSHAGE

Vom Oldtimer zum Rennwagen

W. Fischer-Verlag · Göttingen

1. Auflage 1971: 8000
2. Auflage 1971: 6000

ISBN 3 439 03044 X

Titelbild: Erwin Hauner — Illustrationen: Klaus Kniepen
Gesamtherstellung: Fischer-Druck, Göttingen

Vom Oldtimer zum Rennwagen

Am Anfang war der Dampf

Dampfmaschine ohne Schienen?

„So, Kinder, jetzt haben wir also die Dampfkugel zur Hälfte mit Wasser gefüllt. Wenn wir dieses Wasser durch Hitze zum Teil in Dampf verwandeln und der Dampf durch das enge Rohr gegen das Flügelrad ausströmt, dann wird sich der Wagen fortbewegen."

Ehrfürchtig umstanden Anno 1855 die Schüler des Karlsruher Lyzeums den messingglänzenden kleinen Wagen mit der aufgebauten Dampfkugel. Sie schauten zu, wie sich ihr Physiklehrer bemühte, mit Feuerstein und Zunder die Weingeist-Lampe unter der Dampfkugel zum Brennen zu bringen.

„Ganz ohne Schienen?" fragte der kleine Carl Benz überrascht. Der Dampfwagen selbst ist ihm nichts Neues, war doch sein Vater Hansjörg Benz Lokomotivführer bei der Eisenbahn zwischen Heidelberg und Karlsruhe gewesen. Er starb, als Carl zwei Jahre alt war.

Für Carl Benz steht es seit jeher fest, daß auch er den Dampfwagen fahren und Lokomotivführer werden wird. Daß der Dampfwagen womöglich auch ohne Schienen fahren könne, einfach der Straße nach über Berg und Tal, der Gedanke ist ihm überhaupt nicht gekommen.

„So, jetzt wird der Dampf wohl genug Druck haben", meint der Lehrer schließlich und zieht den Pfropfen aus dem Dampfrohr. Zischend entweicht der Dampf aus der engen Öffnung, und der Strahl trifft gegen das Flügelrad.

Von hier verteilt sich der Dampf im Raum, so daß schnell alles in weißen Nebel gehüllt ist. Carl Benz sieht gespannt auf den Wagen, der doch jetzt davonrollen muß. Doch nichts dergleichen geschieht. Erst als der Lehrer dem Wagen einen kleinen Stoß gibt, so daß er ins Rollen kommt, da hilft der Dampf nach am Flügelrad, und die Zahnräder übertragen die Kraft auf die Hinterräder, so daß der Wagen in Bewegung bleibt. Meter um Meter rollt er, bis die Kraft des Dampfstrahls zu gering wird und die in der Dampfkugel gespeicherte Energie verbraucht ist.

Carl atmet auf, als der Wagen stehenbleibt. Ganz gespannte Aufmerksamkeit war er gewesen, als der Wagen rollte. Jetzt ist er enttäuscht, daß er nur solch kurze Strecke zurückgelegt hat. Da hat eine Lokomotive doch eine ganz andere Kraft!

Das sagt er auch dem Lehrer, und der meint lächelnd: „Natürlich, mein Junge! Dies hier ist ja das Modell des ersten motorgetriebenen Wagens. Inzwischen haben die Franzosen den Dampfkraftwagen weiterentwickelt, und Cugnot erreichte schon mit vier Personen Belastung eine Geschwindigkeit von vier Kilometern in der Stunde. Schneller, immer schneller will die Menschheit fahren. Wer weiß, Kinder, vielleicht erlebt ihr es noch, im pferdelosen Wagen über die Landstraßen zu rollen, schneller als ein Pferd zu laufen vermag." Ernst nickt er seinen Jungen zu und beendet den Unterricht.

Der Gedanke des dampfgetriebenen Motorwagens ließ Carl Benz lange nicht los. Als seine Mutter ihm trotz ihres schmalen Witwengeldes das Ingenieur-Studium an der späteren Technischen Hochschule Karlsruhe ermöglichte, war für ihn die Lokomotive das größte technische Kunstwerk. Viele deutsche Techniker waren damals der Ansicht, daß man solche Wunderwerke in Deutschland nicht bauen könne; das Mutterland der Lokomotiven war England. Da war es eine große Überraschung, als die „Badenia", die erste Lokomotive der Karlsruher Maschinenfabrik, bei

ihrer Probefahrt im Dezember 1841 alle Erwartungen weit übertraf. In eben dieser Karlsruher Maschinenfabrik war Carl Benz nach seinem Studium zwei Jahre als Schlosser tätig, um seine kränklich gewordene Mutter unterstützen zu können. In seiner Freizeit konstruierte er fleißig Straßenlokomotiven.

Den jungen Ingenieur Carl Benz finden wir als Konstrukteur in einer Mannheimer Waagenfabrik wieder. Der Dreiundzwanzigjährige hat sich in der aufstrebenden rheinischen Industriestadt gut eingelebt. Er betreibt allerlei

Sport, und am Rhein ist es beinahe selbstverständlich, daß er der Rudergesellschaft beigetreten ist. Nun hat auf einer Reise ein Ruderfreund ein hochmodernes „Veloziped" gekauft, eine Nachbildung der Drais'schen Laufmaschine.

Der badische Forstmeister Freiherr Drais von Sauerbronn hatte ein zweirädriges Fahrrad konstruiert, mit dem er am 12. Juli 1817 die erste Fahrt von Mannheim nach Schwetzingen gemacht haben soll, und zwar in einem Viertel der Postkutschen-Zeit. Er saß dabei auf einer Art Sattel und stützte sich mit den Armen auf eine gepolsterte Lenkstange. An die Schuhe schraubte er sich kleine Metallkappen, und dann konnte das Fahren losgehen, indem er sich immer wieder mit den Füßen vom Boden abstieß.

Diese Drais'sche Laufmaschine wurde 1853 von dem Schweinfurter Mechaniker Fischer durch Anbringung einer Tretkurbel am Vorderrad verbessert. Die Füße berührten jetzt nicht mehr den Boden, sondern sie ruhten auf der Tretkurbel. Infolgedessen mußte der Körper das Gleichgewicht halten. Freund Emil landete bei all seinen Fahrversuchen immer wieder im Staub der Straße. Dessen wurde er bald überdrüssig, und er verkaufte die Maschine dem für alles Neue aufgeschlossenen Carl Benz.

Wenn auch die Begeisterung von Carl Benz für seinen „Knochenschüttler" bald nachließ, so hatte ihm dieser doch zwei wichtige Erkenntnisse eingebracht: Erstens soll ein „Selbstfahrer" mehr als zwei Räder haben, damit der Fahrer sich nicht um das Gleichgewicht kümmern muß; zweitens ist unter allen Umständen die Menschenkraft durch Maschinenkraft zu ersetzen.

Das führte Carl Benz auf die Suche nach einem leistungsfähigen und doch leichten Motor.

Ja, die Welt brauchte einen leistungsfähigeren Motor, als ihn die gute alte Dampfmaschine darstellen konnte.

Die ersten Kolbendampfmaschinen, „Feuermaschinen", waren richtige Kohlenfresser, die nur den tausendsten

Teil der zugeführten Wärme ausnutzten. James Watt verbesserte sie entscheidend, und nun begann ein wahrer Siegeszug der Dampfmaschine.

Der geniale Holländer Huygens erfand 1673 den Explosionsmotor. Obwohl seine Maschine mit Schießpulver betrieben wurde, war das eigentliche Treibmittel der äußere Luftdruck, die Atmosphäre. Die Pulverexplosion diente nur dazu, den Kolben in einem Zylinder hochzutreiben. Durch Abkühlung der Pulvergase entstand unter dem Kolben ein luftverdünnter Raum. Der äußere Luftdruck trieb dann den Kolben nach unten, und dabei konnte dieser Arbeit leisten. Zweihundert Jahre herrschte dieses Prinzip der „atmosphärischen" Maschine.

Inzwischen hatte die Gaserzeugung große Fortschritte gemacht. Gas, dieser seltsame Körper ohne bestimmte Gestalt und Raumerfüllung, war um 1600 zuerst bewußt gebildet worden. Seit 1814 wurde brennbares Gas in England zur Stadtbeleuchtung verwandt, und nun entstanden in zahlreichen Städten Gasanstalten. Das Gas wurde den Technikern und Bastlern zugänglich, und der Gedanke des Explosionsmotors wurde dadurch neu belebt.

Den ersten großen Erfolg hatte der Pariser Mechaniker Lenoir 1860 mit seiner Gasmaschine. Sie war der Dampfmaschine mit Schiebersteuerung nachgebildet. An die Stelle des Dampfes trat ein explosibles Gas-Luft-Gemisch, das im richtigen Augenblick entzündet wurde. Obwohl dieser Motor häufig stotterte und seine Kraftentwicklung recht zweifelhaft war, erregte er ungeheures Aufsehen.

Bei Lenoirs Gasmaschine treffen wir einen Deutschen, dem wir später oftmals begegnen: den Ingenieur Gottlieb Daimler. Dieser Bäckerssohn aus Schorndorf bei Stuttgart erkannte, daß Lenoirs Gasmaschine nichts grundsätzlich Neues darstelle. Sie sei außerdem unwirtschaftlicher als die Dampfmaschine, da sie drei Kubikmeter Gas für eine Pferdekraftstunde verbrauche, zwar keinen Heizer, aber dafür einen Ölgießer benötige.

Der bastelnde Handlungsreisende

Nikolaus Otto war verblüfft

Lebte da in Köln der Handlungsreisende Nikolaus Otto, der lieber Techniker geworden wäre, als Lebensmittel zu verkaufen. Es war für ihn immer eine Erholung, wenn er bei seinem Freunde Mertens mit allerlei mechanischen Dingen experimentieren konnte. Das begeisterte ihn so, daß er sich schließlich sogar eine kleine Bastelwerkstatt einrichtete.

Dieser bastelnde Kaufmann hörte 1860 von Lenoirs erfolgreicher Gasmaschine, und die Idee begeisterte ihn. Er ließ sich nach dem Vorbild des Lenoir-Motors ein kleines Modell bauen, mit dem er nach Herzenslust experimentieren konnte. Der Motor saugte das explosible Gasgemisch im ersten Teil des Hubes an, es wurde dann entzündet, und der Explosionsdruck trieb den Kolben vorwärts. Die elektrische Zündung ließ sich beliebig einstellen, und so probierte Otto die verschiedensten Füllungsgrade aus.

Eine ganze Weile hatte er schon so herumprobiert, als er, weniger aus Überlegung als aus einer spielerischen Laune heraus, das Gas-Luft-Gemisch im Zylinder nicht entzündete, sondern den Kolben durch Rückwärtsdrehen des Schwungrades zurückdrückte. Dadurch wurde das im Zylinder eingeschlossene Gas-Luft-Gemisch zusammengedrückt, verdichtet. Kurz vor Erreichen des Totpunktes ließ er den Zündfunken überspringen, und — pfuttbums! — explodierte das verdichtete Gemisch; blitzschnell entriß sich das Schwungrad seinen Händen und machte einige schnelle Umdrehungen.

Otto war verblüfft. Die Explosion des verdichteten Gasgemisches war offenbar viel stärker, als wenn er den Zündfunken in das unverdichtete Gemisch springen ließ!

Tatsächlich stellten diese ersten Umdrehungen eines mit Vorverdichtung des Gasgemisches arbeitenden Motors die eigentliche Geburt des Otto-Motors dar, der in einem Jahrhundert die Welt stärker umgestaltete, als die Erfindungen von Jahrtausenden zuvor dies vermocht hatten.

Die Konstruktion der Maschine war nicht einfach. Otto fürchtete sich vor den starken Explosionsstößen und ordnete daher zwischen Arbeitskolben und Triebstange in einem luftgefüllten Zylinder einen Stoßdämpfer-Kolben an. Die Maschine wurde fertig und lief sogar Anfang 1862, doch sie war nicht brauchbar.

Dabei war er der Endlösung so nahe: er hätte nur die Stoßdämpfer wegwerfen und den Arbeitskolben direkt mittels Schubstange mit der Kurbelwelle zu verbinden brauchen, um den heutigen Viertaktmotor zu schaffen. Aber hier unterlag Otto einem entschiedenen Irrtum: er vermutete die Schwierigkeiten im Prinzip, nicht in der Ausführung.

Das ganze Jahr 1863 plagte Otto sich damit ab, den Lauf des Motors zuverlässiger zu gestalten, ohne daß er jedoch einen durchschlagenden Erfolg hatte. Daß Schlimmste war, daß er am Ende seiner finanziellen Kraft war.

Da trat am 9. Februar 1864 das Schicksal selbst in Gestalt des erfolgreichen und begüterten Ingenieurs Eugen Langen in seine Werkstatt. Die beiden jungen Männer verbanden sich zu einer lebenslangen Gemeinschaftsarbeit.

Langen steckte nicht nur sofort zehntausend Taler in das Geschäft, sondern es gelang ihm sogar, den Motor durch ein Schaltwerk mit Rollenfreilauf zu verbessern, ähnlich dem heutigen Fahrrad-Freilauf. Die Rollen aus Weißbuchenholz wurden bald aus Stahl gefertigt. Otto erfand dazu noch eine praktische Flammenzündung, welche die damals sehr unsichere elektrische Zündung ersetzte.

So wurde im Laufe von drei Jahren in harter Arbeit Ottos atmosphärischer Gasmotor so weit entwickelt, daß er einigermaßen betriebssicher war. Langens zehntausend Taler waren längst verbraucht. Es mußte unbedingt etwas geschehen, und so faßte man den tollkühnen Entschluß, die Pariser Weltausstellung von 1867 zu beschicken.

Dort, im damaligen Zentrum der Gasmaschinenfertigung, hatte Otto seine Maschine neben den vierzehn französischen Gasmaschinen aufgebaut, und die Franzosen lächelten mitleidig über die seltsame deutsche Konkurrenz.

Es war eine Säule mit einem Schwungrad daran. Mit gewaltigem Krach schoß aus der Säule eine Kolbenstange hoch, glitt klirrend über das Schaltwerk, verharrte einen Augenblick und verschwand dann mit einem Pfeifen in der Säule. Jetzt drehte sich nur noch das Schwungrad, leise und stetig. Unmerklich minderte sich die Drehzahl des Schwungrades, erreichte den unteren Grenzwert; mit hartem Klicken kuppelte eine Klinke einen Exzenter ein, der Kolben wurde angehoben, saugte Gas und Luft an, — rumms, krachte die Explosion und schoß die Kolbenstange hoch, so daß die Besucher erschrocken zurückprallten. Ängstlich schüttelten sie den Kopf und verschwanden eilends aus der Nähe der unregelmäßig knallenden und stöhnenden Maschine.

Kaum einer machte sich Gedanken darüber, ob nicht diese Unregelmäßigkeit sinnvoll sein könne. Tatsächlich verbrauchte diese Maschine nur dann Gas, wenn die sinkende Drehzahl einen neuen Kraftstoß erforderte. Das bemerkten nicht einmal die Fachleute, und es schien sicher, daß für die Preisverteilung nur die französischen Maschinen in Frage kommen konnten.

Da sagte der Professor Reuleaux, der Vertreter Preußens im Preisgericht: „Meine Herren, es scheint mir wichtig, den Gasverbrauch der verschiedenen Maschinen für gleiche

Kraftleistungen zu bestimmen, denn davon wird letzten Endes die Brauchbarkeit für das Gewerbe abhängen."

Es wurden sehr sorgfältige Versuche durchgeführt. Das Ergebnis war überraschend: Die mißachtete Otto-Maschine verbrauchte nicht die halbe Gasmenge der meisten Konkurrenz-Maschinen. Selbst die beste französische Maschine verbrauchte 50 Prozent mehr.

Die beste Gasmaschine der Welt

Die Konkurrenten schüttelten wiederum die Köpfe. Die Sache konnte nicht mit rechten Dingen zugehen! Sicher mußte die vertrackte deutsche Maschine eine verborgene Gaszuführung haben. Heimlich wurde der Fußboden aufgebrochen, um das Verbrechen aufzudecken. Aber nichts, rein nichts wurde gefunden. Da konnte die Jury nicht anders: Der deutschen Otto-Maschine wurde die Goldene Medaille zuerkannt; damit wurde sie zur besten Gasmaschine der Welt erklärt.

Das war ein Triumph! Wenige Wochen nach der Weltausstellung waren schon 22 Bestellungen da!

War bisher der Mangel an Bestellungen ein wirklicher Grund zur Sorge gewesen, so wurde es nun die Bewältigung der zahlreichen Bestellungen. Dafür holte sich Langen den im Fabrikbetrieb erfahrenen Gottlieb Daimler von der Karlsruher Maschinenfabrik. Der brachte seinen jungen Mitarbeiter Wilhelm Maybach als Konstruktionschef mit, und er holte sich noch manchen guten Facharbeiter und Meister aus seinem Schwabenlande.

In technischen Dingen sah der Techniker Daimler den Kaufmann Otto nicht für voll an, und das ärgerte diesen natürlich, denn schließlich hatte er ja den preisgekrönten atmosphärischen Gasmotor geschaffen. So gingen beide bei ihren weiteren Versuchen völlig verschiedene Wege.

Daimler und Maybach entwickelten die atmosphärische Maschine weiter in der Richtung zur Benzin-Maschine.

Gas stand ja nur in den größeren Städten zur Verfügung, und es lag nahe, durch den Übergang auf leicht transportierbare flüssige Kraftstoffe die Anwendungsmöglichkeiten zu erweitern.

Hauptfrage: wie konnte man dem Motor das flüssige Benzin in einfacher Weise zuführen? Maybach nahm eine Handvoll Putzwolle, tauchte sie in Benzin, hielt die feuchte Wolle vor die Luftansaugeöffnung eines laufenden Gasmotors, schloß den Gashahn, und siehe da — der Motor lief weiter, ja seine Kraftleistung schien sogar größer geworden zu sein!

Das war ein vielversprechender Anfang, und Maybach entwickelte einen nach diesem Prinzip arbeitenden Vergaser. Auch für die Zündung fand Maybach eine gute Lösung. So entwickelte er in zahlreichen Versuchen bis zur Jahreswende 1875/76 einen brauchbaren Benzinmotor, und er schuf damit die Voraussetzung für eine Verkehrsmotorisierung. Indessen hatte sich Daimler mit einer doppeltwirkenden atmosphärischen Maschine beschäftigt, die zwar patentiert wurde, sich aber praktisch nicht bewährte.

Alle Welt erkannte, daß der atmosphärischen Maschine Grenzen gesetzt waren, und Fachleute in aller Welt beschäftigten sich mit dem Problem des direkt wirkenden Motors, ohne indessen weiterzukommen. Da tat ausgerechnet der Kaufmann Otto den entscheidenden Schritt vorwärts, und das mag Daimler geärgert haben.

Otto hatte nicht vergessen, daß ihm vor fünfzehn Jahren plötzlich das Schwungrad aus den Händen gerissen wurde, als er den Zündfunken in ein vorverdichtetes Gas-Luft-Gemisch springen ließ, aber er hatte auch nicht vergessen, daß ihm sein daraufhin gebauter Vierzylinder-Viertaktmotor in kürzester Zeit ruiniert worden war. Seitdem grübelte er immer wieder darüber nach, wie die Explosionsstöße vermieden werden könnten.

Während eines Spazierganges sah er, wie aus einem hohen Fabrikschornstein eine dicke schwarze Rauchwolke quoll, die zusehends dünner und lichter wurde, je weiter der Rauch sich vom Schornstein entfernte. Das hatte er schon öfter gesehen, aber diesmal blieb er unwillkürlich stehen. Konnte man nicht in gleicher Weise an der Zündstelle ein leicht zündendes „fettes" Gas-Luft-Gemisch schaffen, das dann immer „magerer" wurde, so daß die Explosion sich nur langsam fortpflanzte? Mußte das nicht die gefürchteten Explosionsstöße mildern?

Eine Erfindung, die die Welt umgestaltete

Voller Zuversicht baute Otto 1876 einen neuen Viertakt-Motor und verzichtete jetzt auf die Hilfskolben, die er damals aus übergroßer Vorsicht angeordnet hatte. Und siehe da, der neue Viertakt-Motor lief, lief ohne Stöße und fast geräuschlos!

Der Kaufmann Otto hatte geschafft, woran die Fachleute in aller Welt verzweifelten: Den direkt wirkenden, im Viertakt arbeitenden Motor. Er hatte ihn geschaffen infolge eines Irrtums; denn heute wissen wir, daß beim Ansaugen und der folgenden Verdichtung das Gas-Luft-Gemisch ziemlich gleichmäßig wird.

Otto glaubte fest an seine Theorie der langsamen Verbrennung, und so ging dieser Irrtum als erster Patentanspruch in das später so berühmt gewordene Deutsche Reichspatent Nr. 532 ein. Es verschaffte der Gasmotorenfabrik Deutz praktisch ein Motoren-Monopol, denn das erste Patent erfaßte auch das Zweitakt-Verfahren.

Dagegen liefen nun die Zweitaktmotoren-Hersteller Sturm. Es kam zu einem Rattenschwanz von Prozessen, und am 30. Januar 1886 entschied das Reichsgericht gegen Deutz und gab damit die Wirkungsweise des Otto-Motors zur allgemeinen Nutzung frei.

Für Otto und die Gasmotorenfabrik Deutz war das Urteil ein schwerer Schlag, aber es machte die Bahn frei für die nun sprunghaft einsetzende Entwicklung der Motorentechnik.

Carl Benz will einen Zweitakter erfinden

Es begann Silvester 1879

Seit unser Freund Carl Benz den „Knochenschüttler" in die Rumpelkammer gestellt hat, ist mittlerweile ein rundes Jahrzehnt vergangen.

Vorerst wurde er Brückenbauer in Pforzheim. Hier begegnete ihm Bertha, die Tochter des Zimmermeisters Ringer. Sie wurde sein Lebensglück, und er hat selbst von ihr gesagt, „daß sie seinem schöpferischen Ringen und Schaffen wie eine zweite Triebfeder gegen hemmende Widerstände immer wieder neue Spannkraft verlieh".

Vorerst mußte sich Carl Benz eine sichere Existenz schaffen. Er machte sich selbständig, und zwar in Mannheim, das damals einen kräftigen Aufschwung erlebte.

Carl Benz hatte sich auf die Herstellung von Baubedarfsartikeln und von Maschinen zur Blechbearbeitung spezialisiert. Die sogenannten „Gründerjahre" nach dem gewonnenen deutsch-französischen Kriege 1870/71 brachten eine große wirtschaftliche Belebung, so daß Benz mehr und mehr Arbeiter einstellen konnte. Somit wäre alles gut gewesen, wenn nicht plötzlich ein allgemeiner Rückschlag eingetreten wäre. Die Bautätigkeit stockte und damit auch der Absatz der Benzschen Erzeugnisse. Das nicht genügend fundierte Geschäft wurde bald ein Opfer der Krise: alle Maschinen und Einrichtungen wurden gepfändet.

Mitte der siebziger Jahre war die Lage der Firma Benz wahrhaft verzweifelt. Mit Mühe nur vermochte Benz das tägliche Brot für seine Familie zu verdienen. Nichts, was er an Neuigkeiten herausbrachte, schlug ein. Und doch war diese Zeit der Not für die weitere Entwicklung ausschlaggebend, denn die erzwungene Muße veranlaßte Benz, sich mit dem Gasmotorenbau zu beschäftigen. Gründlich befaßte er sich mit der Theorie dieser neuartigen Maschine und mit den zahlreichen Versuchen, außer Leuchtgas auch Petroleum-Destillate als Kraftstoff zu benutzen. Als lokkendes Ziel erlebte in seiner Phantasie der Gedanke des Selbstfahrers eine fröhliche Auferstehung.

Bei seinen Überlegungen strebte Benz danach, über den Viertakt hinauszuwachsen, das Arbeitsverfahren auf zwei Takte zusammenzudrängen und somit bei jeder Umdrehung der Kurbelwelle eine Explosion des verdichteten Gas-Luft-Gemisches wirksam werden zu lassen.

Auch in Deutz hatte man versucht, einen solchen Zweitaktmotor zu schaffen, und der englische Motorenbauer Clerk hatte ebenfalls daran herumgeknobelt. Beide Ausführungen befriedigten jedoch nicht; vor allem hatten sie einen viel zu großen Gasverbrauch.

Als grundlegende Verbesserung trennte Carl Benz schon bei seinem ersten Motor Gas- und Luftpumpe voneinander, und da er sie auch unabhängig voneinander steuerte, konnte er die verbrannten Abgase durch reine Luft aus dem Zylinder spülen. Diese Spülluft kostete nichts, während bei anderen Zweitaktmotoren teures Gas-Luft-Gemisch für diesen Zweck verplempert wurde.

Zwei Jahre arbeitete Carl Benz an seinem ersten Motor. Während die Tage durch angestrengte körperliche Arbeit ausgefüllt waren, um das tägliche Brot für sich und seine Familie zu schaffen, wurden ungezählte Nachtstunden dem Motor geopfert. Alles wurde sorgsam überdacht, aufgezeichnet, berechnet und solide ausgeführt. Es entstand ein sehr schöner Motor, der nur einen einzigen Fehler hatte — er lief nicht! Soviel Carl Benz auch an ihm herumexperimentierte — er lief nicht.

Das war eine furchtbare Enttäuschung für unseren Freund Benz. War das Zweitaktverfahren am Ende doch nicht durchführbar? Hatten die anderen recht, die es erfolglos an die Seite legten? Hatte er nur in unvernünftigem Eigensinn an dem Gedanken festgehalten, sein letztes Geld in einen Motor gesteckt, der nicht lief, weil er nicht laufen konnte?

So kam der 31. Dezember 1879 heran, der Silvesterabend. Nichts hatte sich an dem Funktionieren des Motors geändert, und weder Carl Benz noch seine Frau hatten Lust, sich dem fröhlichen Silvester-Treiben hinzugeben. Doch nach dem Abendessen sagte Frau Bertha plötzlich: „Du, Carl, wir müssen noch einmal hinüber in die Werkstatt und unser Glück versuchen; in mir lockt etwas und läßt mir keine Ruhe."

Arm in Arm gehen sie die paar Schritte zur Werkstatt, stehen ein Weilchen gedankenvoll vor dem Motor wie vor einem großen, schwer enträtselbaren Geheimnis.

Ob er heute laufen wird? Warum ausgerechnet heute? Es hat sich doch nichts geändert seit dem letzten ergebnislosen Versuch, antwortete ihm sein Verstand.

Schweren Herzens dreht Benz, wie schon so oft, den Motor an, und wie wenn das völlig selbstverständlich wäre, antwortet der Motor tät-tät-tät und läuft in schönem regelmäßigem Rhythmus weiter.

Einen Augenblick trauen die beiden ihren Ohren nicht, dann fallen sie sich wortlos in die Arme. Wohl eine Stunde lang lauschen sie engumschlungen dem einförmigen Gesang des Motors. Je länger der auf einmal so brave Zweitakter läuft, um so mehr der drückend harten Sorgen fallen von ihnen ab. Niemand gratuliert den beiden Glücklichen an diesem Abend, doch konnten sie auf alle Glückwünsche der Welt verzichten, wie Carl Benz später sagte, „denn wir hatten ja das leibhaftige Glück an der Arbeit gesehen in unserer ärmlich-kleinen Werkstätte, die an diesem Abend zur Geburtsstätte eines neuen Motors wurde".

Daimler und Maybach knobeln weiter

Die geheimnisvolle Werkstatt

Die Gasmotorenfabrik Deutz florierte. „Ottos neuer Motor", wie der Viertakt-Motor genannt wurde, war ein Bombengeschäft geworden. Aber Gottlieb Daimler schied am 30. Juni 1882 wegen persönlicher Unstimmigkeiten mit Otto aus der Deutzer Gasmotorenfabrik aus.

Daimler hatte in Deutz gut verdient. Die zehn Jahre, die er dort verbrachte, hatten ihn zu einem wohlhabenden Mann gemacht. Sein Vermögen steckte zu einem guten Teil in Deutzer Aktien, deren Dividenden bis auf 96 Prozent angestiegen waren. Aber mit 48 Jahren setzt sich ein Deutscher nicht zur Ruhe. Gottlieb Daimler ging nach Cannstatt, um dort den „raschlaufenden leichten Motor" zu schaffen, der für ihn zu einer fixen Idee geworden war.

Der Motor sollte in Massenfabrikation hergestellt werden, dadurch billig sein und überall an die Stelle der guten alten Dampfmaschine treten. Vor allem aber sollte er neue Anwendungsgebiete erschließen, wo es auf die Leichtigkeit der Maschine ankam, also im Verkehrswesen. In allen Fahrzeugen, die überhaupt einen Motor vertrugen.

Daimler wußte, daß ihm die konstruktive Durchbildung nicht so gut lag, aber er kannte einen hervorragenden Mann dafür: Wilhelm Maybach, den er von Reutlingen mit nach Karlsruhe und von dort mit nach Deutz genommen hatte. Nun, es gelang Daimler, seinen „ersten Adjutanten" zum drittenmal mitzunehmen.

In unmittelbarer Nähe des Cannstatter Kurparks hatte er sich eine Villa mit einem großen Garten gekauft, den er durch Zukauf auf rund 7000 Quadratmeter vergrößerte. An ein vorhandenes Gewächshaus wurde eine geräumige Versuchswerkstatt angebaut, die nun der eigentliche Arbeitsraum unserer beiden Erfinder wurde und zu dem niemand sonst Zutritt hatte.

Zwei Probleme mußten vor allem gelöst werden: 1. Die betriebssichere Verwendung von Benzin als Treibstoff, um die Bindung an das Gasrohrnetz zu lösen. 2. Die Ausgestaltung einer betriebssicheren Zündungsart, die eine schnelle Zündfolge und damit eine hohe Drehzahl gestattete.

Zwar waren in Deutz schon Motoren für Benzin als Treibstoff eingerichtet worden, doch handelte es sich dabei um langsamlaufende Maschinen, die pro Pferdestärke 660 kg wogen und damit als Fahrzeugmotoren unbrauchbar waren. Jetzt galt es, den ausgesprochenen Benzinmotor zu schaffen, dessen Drehzahl nicht mehr 110 pro Minute, sondern etwa 900 betragen sollte.

Alle Versuche wurden in Daimlers Garten-Werkstatt gemacht, teils in der Nacht bei sorgfältig verhängten Fenstern. Außer den beiden Erfindern durfte nur Daimlers Sekretär Linck die Werkstatt betreten, deren Tür immer verschlossen war. Die fünfjährige Konkurrenzklausel in Daimlers und Maybachs Deutzer Verträgen erlaubte es ihnen nicht, mit der Gasmotorenfabrik Deutz auf deren Arbeitsgebiet in Wettbewerb zu treten. Wurden diese Versuche bekannt, waren große Schwierigkeiten zu befürchten.

Das wußten natürlich die lieben Nachbarn nicht, und sie zerbrachen sich daher die Köpfe, was der seltsame Herr Daimler wohl zu nachtschlafender Zeit in dem geheimnisvollen Gewächshaus treibe. Manchmal sah man durch die abgeblendeten Fenster helle Blitze zucken oder die lohenden Flammen eines Schmiedefeuers, hörte das helle Klingen eines Ambosses, das Fauchen eines Gebläses. Man denke nur: selbst eine Gas- und Wasserleitung war in das Gebäude gelegt worden! Wo doch Gas und Wasser längst noch nicht in allen Cannstatter Wohnungen lagen!

Herr Weinbuch, Hausbursche und Gärtner bei Daimler, wurde von seinen Bekannten mit neugierigen Fragen geplagt, auf die er nur mit Achselzucken antworten konnte. War doch auch ihm der Zutritt zu dem geheimnisumwitterten Haus versagt.

Natürlich mißfiel ihm das Gebaren seines Brotherrn, aber er war doch erschrocken, als ihm der Steinweg-Schorsch eines Tages brutal ins Gesicht sagte: „Wos, du weischt nit, wos dein nobliger Herr Scheff bei Nacht und Nebel in sein Gartehaus treibt? Na, des isch so klar wie nur ebbes: Falschmünzerei treibt er! Wovon soll er sonscht sei viel Geld habbe? Oder hasch du scho gesehe, daß er e ehrliche Beruf hot? Na, also!"

Die „Falschmünzerwerkstatt" von Cannstatt

Der Gärtner Weinbuch konnte nicht umhin, anzuerkennen, daß die Ansicht des Steinweg-Schorsch vieles für sich habe. Ganz sicher: Der Verdacht war begründet! Diese Erkenntnis machte dem braven Weinbuch viel Kummer. Nach einer schlaflosen Nacht war sein Entschluß gefaßt: Er meldete dem Polizei-Wachtmeister Ehrhardt den ganzen Tatbestand.

Falschmünzerei in Cannstatt? Nein, so etwas gab es doch nicht! Schließlich verfehlten Weinbuchs Schilderungen aber doch nicht ihren Eindruck auf den Hüter der öffentlichen Ordnung, und er beschloß einzugreifen.

Wachtmeister Ehrhardt war vorsichtig. Er gedachte die Sachlage vorerst geheim zu untersuchen. Sorgfältig wurde alles vorbereitet. Finsternis herrschte, als Weinbuch auf der Polizeistube meldete, daß alles klar sei. Alsdann lockte er Caesar, den vierbeinigen Hüter des Grundstückes, in eine entlegene Ecke und beschäftigte ihn hier so, daß er seine Wächterpflichten total vergaß. Mittlerweile schlichen

Wachtmeister Ehrhardt und Unteroffizier Sieger zum Gartenhaus, mit Blendlaternen und Einbruchswerkzeug wohlausgerüstet. Die Tür war schnell geöffnet. Sieger bewachte sie, während Ehrhardt das geheimnisvolle Gebäude betrat.

Das Herz klopfte ihm, als er zum erstenmal die Blendlaterne hob und ihren Schein durch den Raum gleiten ließ. Den größten Teil nahm ein riesiger Arbeitstisch ein, mit einer Menge Werkzeug darauf: Zangen, Hämmer, Feilen, Schraubenschlüssel, Lötkolben, Zirkel und noch viel mehr, sowie einen aufmontierten Schraubstock. Jetzt sah der Wachtmeister, daß die Fenster dicht verhängt waren, so daß er sich also ungeniert bewegen konnte. Im vollen Licht seiner Laterne erkannte er nun eine Schmiede-Esse mit einem Blasebalg, einen Amboß mit schweren Hämmern sowie eine fußbetriebene Drehbank. Aber nirgendwo sah er eine Stanze oder Presse zum Prägen von Geld, nichts, was auf Falschmünzerei hindeutete.

Ah, dort der schwere Schrank, der kann allerlei Verbotenes bergen! Schnell hat Ehrhardt auch hier das solide Schloß geöffnet, doch wird er wiederum enttäuscht: Zeichnungen sieht er vor sich, lauter Zeichnungen einer geheimnisvollen Maschine.

Fieberhaft sucht der Wachtmeister weiter, klopft Decke, Wände und Fußböden ab, ohne etwas Verdächtiges zu finden. Aber er findet Maschinenteile aus gelbem Messing, Lagerschalen aus Weißmetall, und er kommt schließlich zu der Erkenntnis, daß es sich hier wirklich nur um eine Erfinderbude handelt.

Über eine Stunde hat die Untersuchung gedauert. Sorgfältig beseitigt der Wachtmeister alle Spuren seines Wirkens, dann löscht er die Laterne und huscht nach draußen, wo ihn der Unteroffizier Sieger mit einem ungeduldigen „Na, wie isch's?" empfängt.

„Psst!" zischt der Wachtmeister. „Nix isch! Komm, mer verschwinde!"

Unrühmlich genug war das Ergebnis der nächtlichen Polizeiaktion, und so verpflichteten sich die drei Beteiligten zu strikter Geheimhaltung. Tatsächlich haben sie lange, lange ihr Wort gehalten. Erst fünfzig Jahre später hat der längst in den Ruhestand getretene Unteroffizier Sieger von dieser denkwürdigen Nacht erzählt.

Das unscheinbare Haus in Daimlers Garten aber ist in die Geschichte der Technik eingegangen. Hier wurden die ersten schnellen Motoren gebaut, die eine Revolution des Verkehrs, eine Revolution der gesamten Technik einleiteten.

In der Glockengießerei von Heinrich Kurtz in Stuttgart, die Schiller hundert Jahre zuvor zu seinem Lied von der Glocke begeistert hatte, wurden die dünnwandigen Motorzylinder gegossen und bearbeitet. Nur die Glockengießer waren bei dem damaligen Stand der Technik dazu imstande. Bei fast allen Bauteilen des neuen schnellen Motors mußten neue Erkenntnisse gewonnen, neue Bauweisen erprobt werden.

Zu Beginn des Jahres 1884 liefen die ersten schnellen Motoren. Jetzt mußten Anwendungsgebiete für sie erschlossen werden. Daimler dachte immer an die Massenanfertigung des schnellen Motors, und so kam er folgerichtig zur Motorisierung des Fahrrades, des Velozipeds, das wir ja schon früher bei Carl Benz kennengelernt haben.

Daimler und Maybach konstruierten ein Fahrgestell mit zwei gleichgroßen Rädern. Diese Form wurde in den neunziger Jahren des vorigen Jahrhunderts von der Fahrradindustrie übernommen, und so ergibt sich die seltsame Tatsache, daß die jetzige Form des Fahrrades aus dem Motorrad entstanden ist und nicht etwa umgekehrt.

Da die beiden Erfinder keine Radfahrer waren, ordneten sie auf beiden Seiten je eine Stützrolle an, um die Balance nicht zu verlieren. Das erschwerte natürlich sehr das Fahren in den Kurven. Dieses erste benzingetriebene Motorrad mit Holzgestell und eisenbereiften Holzrädern war eine recht seltsame Maschine, aber die Hauptsache war: Es lief! Maybach machte mit ihm zahlreiche Fahrversuche in Daimlers Garten und in menschenleeren Cannstatter Straßen. Daraufhin meldete Daimler es zum Patent an. Am 29. August 1885 wurde das Deutsche Reichspatent Nr. 36 423 darauf erteilt.

Im November 1885 wurde auf diesem Motorrad die Strecke von Cannstatt nach Untertürkheim, ganze drei Kilometer, ohne Zwischenfall zurückgelegt. Für unsere heutigen Begriffe ist das eine lächerliche Leistung. Doch bleibt diese kurze Fahrt das große Ereignis: Der Benzin-Selbstfahrer war nunmehr da! Als Zweirad!

Auch Carl Benz ist unermüdlich am „Basteln"

Eine verrückte Idee

Carl Benz stürzte sich mit aller Energie auf die Verbesserung seines Motors und begann dann mit der Fertigung von 1-PS-Maschinen für Pumpwerke. Der Hofphotograph Bühler hatte sich bereit erklärt, den Lebensunterhalt der Familie zu sichern, bis Benz sein Ziel erreicht hätte. 1881 beschäftigte er sechs Arbeiter und nannte seinen Betrieb hoffnungsvoll „Mannheimer Gasmotorenfabrik".

Bühler steckte fortlaufend neue Geldmittel in das Geschäft. Anfang 1882 hatte er an Kapital und Zinsen schon über 30 000 Mark zu fordern. Jetzt bekam er Angst um sein gutes Geld. Da hatte es der Bankier Max Scheurer leicht, Benz und Bühler zu überreden, die Firma in eine Aktiengesellschaft umzuwandeln. Das geschah am 14. Oktober 1882, wobei das Aktienkapital auf 100 000 Mark festgesetzt wurde.

Leider zeigte es sich bald, daß Carl Benz dabei bildschön über die Ohren balbiert worden war. Alle von Benz geleistete Entwicklungsarbeit war in den Besitz der Firma übergegangen, der Erfinder aber war von jeder Mitbestimmung ausgeschlossen. Zwar war ihm die Oberleitung des neuen Betriebes in den Schwetzinger Gärten zugesagt worden, doch wurde er dort so bevormundet. daß er schon nach einem Vierteljahr seine Stellung freiwillig aufgab.

Wieder einmal machte sich Not und Sorge im Hause Benz breit. Mühevoll nur konnte Carl Benz das trockene

Brot für seine mittlerweile auf sechs Köpfe angewachsene Familie verdienen. Man muß Frau Bertha bewundern, daß sie nicht murrte und haderte, sondern mutig in ihrem Manne die Hoffnung auf eine bessere Zukunft nährte.

Diese Hoffnung erfüllte sich schneller, als erwartet werden konnte. Geschäftsfreunde nahmen sich des unverschuldet in Not geratenen Erfinders an. Es waren Max Rose und Friedrich Esslinger, die am 1. Oktober 1883 mit Carl Benz die Offene Handelsgesellschaft Benz und Companie, Rheinische Gasmotorenfabrik in Mannheim, begründeten.

Carl Benz bewies, daß sein Kopf mehr wert war als ein Papier-Recht auf eine Erfindung. Er vervollkommnete den Benz-Motor und schuf dazu den Funken-Induktor, der mit einer kleinen Dynamomaschine verbunden war und den Funken zwischen zwei Platinspitzen überspringen ließ, also die Zündkerze.

Der so verbesserte Benz-Motor schlug ein, zumal auch der Preis erschwinglich war. Bald wurden schon 10 Motore im Monat geliefert, und um der Nachfrage nachkommen zu können, mußte die Arbeiterzahl von Woche zu Woche gesteigert werden.

In dieser Zeit frohen und erfolgreichen Schaffens gewann wieder der Gedanke an den selbstfahrenden Wagen Gewalt über den jetzt vierzigjährigen Ingenieur. Er erinnerte sich seiner Jugendpläne, und gar manche Stunde grübelte er über den alten Entwürfen.

Vollkommen klar war sich Benz darüber, daß man nicht einfach einen vorhandenen Kutschwagen nehmen und in diesen einen Motor einbauen könne, daß vielmehr Fahrzeug und Motor aufeinander abgestimmt und zu einem organischen Ganzen werden müßten. Er entschloß sich, einen Dreiradwagen zu bauen. Aber bei diesem benutzte er nicht etwa eins der vorhandenen Dreirad-Velozipeds, sondern er schuf einen ganz neuen Fahrzeugtyp, bei dem jede Einzelheit für den völlig neuen Begriff der Kraftfahrt neu gestaltet wurde.

Was im Jahre 1884 auf dem Papier entwickelt worden war, wurde am 29. Januar 1886 durch das Deutsche Reichspatent Nr. 37435 geschützt.

Benz hatte für den Selbstfahrer einen besonderen Viertakt-Motor konstruiert, der bei 3/4-PS-Leistung nur 96 Kilogramm wog. Der 1-PS-Deutz-Viertaktmotor im Jahre 1887 wog noch 660 Kilogramm! Die Drehzahl seines Selbstfahrer-Motors hatte Benz schon auf 300 pro Minute hochgetrieben. Bei dieser Drehzahl mußte der Wagen etwa elf km/Std. laufen, und das erschien ihm mehr als genug.

Das Fahrgestell wurde aus Stahlrohren gebogen und geschweißt, mit Quertraversen versteift. Die Bereifung der drei Drahtspeichenräder machte ziemliche Schwierigkeiten. Als der Wagen wirklich zum Fahren kam, war er schon mit Vollgummi-Reifen versehen. Während die beiden Hinterräder in Weißmetall-Buchsen liefen, wurde für das Vorderrad bereits ein Kugellager benutzt; diese kamen damals gerade bei den Fahrrädern auf. Die Lenkung verlief mittels Lenkhebel über Zahnstange, Zahnrad und Drehschemel auf das Vorderrad, während der Antrieb durch Riemen auf eine Vorgelegewelle und von dort aus über Ketten auf die beiden Hinterräder erfolgte. Die Leerlaufscheibe diente dabei als Kupplung. Bemerkenswert ist, daß dieses erste Modell bereits ein Differential für das Kurvenfahren sowie eine Bandbremse besaß. Alles in allem wog dieser erste Dreirad-Motorwagen 263 Kilogramm.

Die erste Auto-Spazierfahrt

Im Frühjahr 1886 kam endlich der große Tag, an dem der Benz-Wagen beweisen sollte, daß er durch eigene Kraft zu fahren vermöge. An einem Sonntag frühmorgens schoben Vater und Mutter Benz mit ihren zwei ältesten Buben Eugen und Richard den Wagen die kurze Strecke bis zum „Ring", dem alten Wall, der damals noch um die Stadt Mannheim lief. Er hatte eine glatte Fahrbahn, auch war wenig Verkehr darauf.

Eigentlich sollte der Motor durch Drehen am Schwungrad angeworfen werden. Carl Benz hatte dies Schwungrad horizontal angeordnet, weil er fürchtete, daß ein vertikales Schwungrad die Lenkung des Wagens beeinträchtigen werde. So plagte man sich eine Weile vergeblich, den Motor durch Drehen des Schwungrades zum Laufen zu bringen. Doch der Motor blieb stur und stumm. Papa Benz bekam mit der Zeit böse Augen, und plötzlich befahl er: „Schiebt an!"

Er selbst setzte sich auf den Wagen, um den Motor zu regulieren und zu steuern, während die Mutter und die beiden Buben den Wagen mit aller Macht schoben. Immer noch muckte der Motor, aber plötzlich knallte eine Zündung, dann noch eine und noch eine. Benz regulierte fieberhaft die Benzin-Zufuhr, und plötzlich töffte der Wagen brav und regelmäßig.

Und der Wagen lief, der Wagen lief, und Mutter Benz und die Buben liefen hinterdrein. Ja, und der Benzintank sprang auch hinterdrein: der Eugen mit der Benzinflasche. Der Vater hatte noch keinen rechten Platz für den Benzintank gefunden, und so mußte bei den ersten Probefahrten der Eugen den Vergaser von Zeit zu Zeit auffüllen.

Plötzlich schwieg der Motor, und er ließ sich weder durch Anwerfen noch durch Anschieben zum Laufen bewegen. So ließ man es für diesen Sonntag genug sein und schob den Wagen nach Hause, froh und glücklich, denn der Selbstfahrer war ja gelaufen, hatte bewiesen, daß er sich selbst fortbewegen könne.

Zunächst einmal ersetzte Benz die bisher verwandte Batterie durch einen kleinen Gleichstrom-Dynamo. Für die ersten Versuche gab Mutter Benz ihr Nähmaschinengestell zur Werkstatt. Ein Lehrbub mußte feste treten, um den Dynamo schnell genug laufen zu lassen.

Dann wurde in das Schwungrad des Motors eine Rille eingedreht, und darin lief der Antriebsriemen für den Dynamo. Der Meister Lipfert sagte dazu: „Es war aber auch jetzt noch nicht so einfach, die Maschine in Gang zu bringen, weil das liegende Schwungrad keine Andrehkurbel hatte; wir haben manchmal zu dritt oder viert abwechselnd unser Glück versuchen müssen, bis endlich der Motor lief — um beim Einschalten des Flachriemens auf die Antriebsscheibe wieder stehenzubleiben. Den Riemen dann wieder auf die Leerlaufscheibe zu bringen, war nur zu dritt möglich. Öfter brachten wir das Fahrzeug auf die Ringstraße und von da aus nach dem Schützenhaus, wo einiges Gefälle war und sich deshalb leichter starten ließ."

Mit zäher Ausdauer vervollkommnete Benz seinen Motorwagen immer mehr, und die zurückgelegten Strecken wurden größer. In seiner „Lebensfahrt", sagt er, daß er „vom Frühjahr 1886 an die Menschen und ihre Kritik nicht mehr scheute". Da jetzt auch Fahrten am hellen Tag unternommen wurden und die Zeitungen darüber berichteten, wurde der Motorwagen schnell bekannt. Er trug dem Erfinder jedoch keine Anerkennung ein, sondern nur Spott. Allgemein war man der Ansicht, daß er sich mit dieser verrückten Idee ruinieren werde.

Der Teufelswagen im Odenwald

Unbeirrt entwickelte Benz seinen Wagen weiter. Ein stärkerer Motor wurde eingebaut, und als trotzdem der Wagen schon bei 3 Prozent Steigung steckenblieb, wurde sofort eine zweite Übersetzung eingebaut. Die Fahrten wurden nun weiter ausgedehnt, und Benz erzählte: „Ich gelangte einerseits bis an die Grenzen des Odenwaldes und jenseits des Rheins etwa zwanzig Kilometer weit bis an das Hardtgebirge."

Es wäre jetzt ein guter Zeitpunkt gewesen, die Fabrikation der Motorwagen serienmäßig aufzunehmen, denn inzwischen hatte die Rheinische Gasmotorenfabrik ein neues Werk an der Waldhofstraße gebaut, und hier hatte man neben der Gasmotoren-Fertigung Platz in Hülle und Fülle. Die beiden Teilhaber Rose und Esslinger waren auch wohl bereit, das nötige Geld in die Fertigung zu stecken, wenn ein entsprechender Absatz zu erwarten sei. Das war aber leider nicht der Fall. Der Motorwagen war jetzt, wo er allmählich bekannter geworden war, als „Hexenfuhrwerk" und „Teufelswagen" verschrien. Weniger schön war das Verbot des „Hexenwagens". Die Behörde stellte sogar einen Gendarmen als Wache vor das Fabriktor. Das war böse, sehr böse. Vor allem fanden das die beiden Benz-Jungen, der Eugen und der Richard. Kritisch wurde die Lage gepeilt, und dann sagte der Eugen zu dem Lehrbuben Franz Lipfert: „Du, Franz, mir fahre hinne 'raus."

„Wieso?" fragte der Franz, „da isch doch de Gartezaun."

„Den baue mer ab!" triumphierte der Eugen. Franz und Richard bewunderten den pfiffigen Freund und Bruder, und alle drei machten sich an die Arbeit. Der Gartenzaun war schnell in der notwendigen Breite abmontiert, der Motorwagen wurde über das Ackerfeld geschoben, und auf abgelegenen Feldwegen machten sie nun ihre Fahrversuche, indes am Fabriktor der Gendarm brav Wache schob.

Das konnte nicht lange gutgehen. Bald wurden sie erwischt, und nun war es mit dem Fahren endgültig aus. Damit schien auch das Urteil über den Motorwagen gefällt, denn das Verbot sprach sich natürlich schnell herum. Wer aber sollte wohl einen Motorwagen kaufen, mit dem man nicht fahren durfte?

Was diese Entwicklung für Carl Benz bedeutete, braucht man nicht darzulegen. Seine Stimmung war in dieser Zeit oft recht trübselig. Frau Bertha litt natürlich auch darunter, daß der Motorwagen nun tot sein und der Vergessenheit anheimfallen sollte.

Klug nutzten ihre beiden ältesten Söhne, der nun fünfzehnjährige Eugen und der bald vierzehnjährige Richard diese Stimmung. Sie fanden es nicht allzu schwer, ihre tapfere Mutter zu einem wagemutigen Streich zu überreden, zu einem wahren Husarenritt mit dem Motorwagen.

Die Familie wagt eine tollkühne Fahrt

Die Verschwörung gegen Carl Benz

„Weischt, Mutter, wann de Oma sehe könnt, wie unser Motorwage läuft, die tät hochhopse vor Freud“, so sagte Eugen Benz eines schönen Tages ganz harmlos. Und der jüngere Bruder Richard bestätigte das im Brustton der Überzeugung.

„Freili, de Großmutter tät sich arg freue, wann se de Motorwage sehe könnt“, läßt die Mutter ihre Gedanken lautwerden.

Kaum hat sie ausgesprochen, da hängen ihr die beiden Buben am Hals und betteln, daß sie mitmachen soll bei einer Fahrt mit dem Motorwagen nach Pforzheim zur Großmutter. Freilich wissen sie, daß Papa Benz eine solch weite Fahrt niemals erlauben wird. Er ist viel zu vorsichtig, und darum wird ja auch seine große Erfindung nicht bekannt in der weiten Welt. Hat nicht die Mutter selbst vor wenigen Tagen gesagt, daß etwas geschehen müsse?

Die Mutter weiß, was der Wagen leistet, und daß sie, der Eugen und der Richard, mit dem Wagen genausogut umzugehen verstehen wie der Vater. Das Ende vom Lied ist eine Verschwörung gegen Papa Benz: Gleich in den ersten Ferientagen werden die drei zur Großmutter nach Pforzheim fahren, angeblich mit der Bahn, in Wirklichkeit aber mit dem Motorwagen.

Der ahnungslose Papa Benz hat nichts dagegen, daß seine Frau mit den beiden Buben eine Ferienwoche bei der Großmutter verleben will. Daß sie den Frühzug zu benutzen gedenken, ist weiter nicht verwunderlich, und so bleibt der Vater ruhig im Bett, als die drei Verschwörer eines schönen Augusttages in der Frühe um fünf losziehen. Heimlich haben Eugen und Richard den Wagen gerichtet. Um ja den Vater nicht vorzeitig auf den Plan zu rufen, schieben sie das leichte Wägelchen mit vereinten Kräften ein Stückchen, bis man sicher ist, daß das Anwerfen des Motors den Vater nicht wecken wird. Der Motor springt willig an, und nun klettern unsere Fernfahrer wohlgemut auf ihre Sitze: Eugen hinter das Steuer, die Mutter neben ihn und Richard auf den kleinen Kindersitz über dem Vorderrad.

Anfangs geht alles wunderschön. In der Morgenfrühe ist wenig Verkehr auf der Straße, und so brausen sie mit Vollgas dahin. Sicherlich sind sie zeitweise mit über 15 Stundenkilometer gefahren, denn nach einer knappen Stunde schon fahren sie in das erwachende Heidelberg.

Wie soll es nun weitergehen? Unsicher hält Eugen am Straßenrand. Vorsorglich wird Richard losgeschickt, Nekkarwasser zu holen, denn sie wissen ja, daß der Motor etwa alle 20 Kilometer frisches Kühlwasser braucht. Derweile steigt Mutter Benz vom hohen Kutschsitz und sieht sich nach jemand um, der ihr Auskunft über den einzuschlagenden Weg geben kann. Eben tritt ein biederer Handwerksmeister auf die Straße, um ein wenig ins Wetter zu schauen.

„Nach Pforze welle Se? Oje, des isch aber weit!" meint er. „Am beschten fahre Se über Wiesloch, Langenbrücken nach Bruchsal un nehme do die Stroße links über Brette."

Mutter Benz als Pforzheimer Kind kennt den kaum 20 Kilometer von ihrer Heimat entfernten Ort und die bergigen Straßen dort. So fragt sie zaghaft: „Müsse mer über Brette fahre? Es sin da allweil so harte Steig."

„Ah noi!" meint ihr Wegweiser überlegen. „Die Steig sin nit so arg, wann Se gute Gäule hen."

Mutter Benz bedankt sich artig für die erhaltene Auskunft und geht zum Wagen zurück. Der biedere Meister sieht ihr aufmerksam nach, und er wundert sich nicht wenig, als die Leute in die Kutsche steigen, ohne Pferde vorzuspannen. Dann kriegt er einen Mordsschreck: Plötzlich fängt der Wagen an zu knattern und rattert davon, ganz ohne Pferde, aber unter Hinterlassung einer blauen Rauchfahne, die arg stinkt.

Unsere Freunde rattern aus Heidelberg hinaus in der Richtung nach Wiesloch. Noch geht alles gut, obwohl die Straße allmählich belebter wird. Die Menschen schauen sprachlos dem seltsamen Gefährt nach. So etwas hat man hier noch nicht gesehen; Rattern, Rauch und Gestank lassen manch armes Bäuerlein an die Hölle denken. Entsetzt schlagen viele ein Kreuz, um sich vor dem bösen Zauber zu schützen. Erregter noch als die Menschen gebärden sich die Tiere. Jedes Pferd fängt an zu scheuen.

Die erste Tankstelle war eine Apotheke

Eugen gelingt es trotzdem, Fuhrwerke zu überholen, und in flotter Fahrt wird Wiesloch erreicht. Hier muß die erste Tankpause eingelegt werden. Während Eugen den Riemen kürzt, der sich bei der bisherigen Fahrt so arg gelängt hat, daß er auf der Scheibe rutscht, und Richard wieder frisches Kühlwasser besorgt, marschiert Mutter Benz zur Apotheke, um nach „Ligroin" zu fragen. So nannte man damals das Benzin, das man nur in Apotheken kaufen konnte und das dort auch nur in geringen Mengen vorrätig war. Mutter Benz freut sich daher, als der Apotheker ihre Frage nach Ligroin bejaht und freundlich sagt, wieviel es sein solle.

„Kann ich zehn Liter habe?" fragt sie zaghaft. Der Apotheker zieht erstaunt die Augenbrauen hoch, sagt dann aber, es sei gut, er werde 10 Liter Ligroin richten. „Aber nicht jetzt gleich, vielleicht in zehn Tagen!"

Damit ist Mutter Benz nicht gedient, und als sie dem Apotheker begreiflich gemacht hat, warum sie das Ligroin

sofort braucht, gibt er ihr fast seinen ganzen Vorrat, etwa 3 Liter. Das ist nicht eben viel, und sie werden auf der weiteren Fahrt fleißig nach Apotheken ausschauen müssen, wenn ihre Fernfahrt nicht ein vorzeitiges Ende nehmen soll.

Der Wagen rattert weiter in Richtung Bruchsal. Aber gleich hinter Wiesloch beginnt die buckelreiche Bergstraße, und an der ersten größeren Steigung bleibt der Motorwagen elend stecken. Mutter Benz und Eugen müssen aussteigen und schieben, indes der leichte Richard sich hinter das Steuer klemmt. So wird der Motorwagen den Berg hochgequält.

Bergunter kommt der Wagen so in Schwung, daß der jetzt wieder steuernde Eugen mit aller Gewalt die Handbremse ziehen muß. Die Bremse raucht gewaltig, und als sie im Tal anlangen, ist der Lederbelag der hölzernen Bremsklötze völlig verschmort.

Zum Glück sind sie eben in einem kleinen Dorf angelangt, und sie fragen sich nach dem Dorfschuster durch. Natürlich geleitet sie die halbe Dorfbevölkerung, und der Schuster ist nicht wenig erschrocken, als das knatternde Ungetüm vor seinem Häuschen hält und er die Menge Menschen drum herum sieht. Aber schnell begreift er, was man von ihm will. Fix nagelt er neue Lederflecke auf die Bremsklötze, und schon kann es weitergehen.

Bergauf muß wieder geschoben werden, und das kostet manchen Tropfen Schweiß, zumal der Motor jetzt unregelmäßig arbeitet. Schließlich hocken sich die beiden Jungen unter den Wagen und untersuchen den Motor. Bald haben sie den Fehler gefunden: ein Ventilflansch ist undicht geworden.

Die kleinen Pannen von damals

Was nun? Dichtungsmaterial haben sie nicht mitgenommen. Schließlich hat Mutter Benz den rettenden Gedanken: sie opfert ihr Strumpfband.

Nun ist der Motor wieder zufrieden, und sie erreichen mit vereinten Kräften die Höhe. Bergab wagt Eugen die Bremse jetzt nur leicht anzuziehen, und so braust der Wagen dahin wie geschmiert. Ein nichtsahnend dahergehender Bauer springt entsetzt zur Seite und schlägt die Hände über dem Kopf zusammen.

So geht es schlecht und recht über mehrere Hügel hinweg, aber obwohl die Bremse sehr geschont wird, muß doch bald wieder ein Dorfschuster in Tätigkeit treten. Natürlich sammelt sich wieder alles, was Beine hat, um den Wunderwagen.

In Langenbrücken und Bruchsal können sie in den dortigen Apotheken nochmals tanken, so daß es sicher ist, daß der Kraftstoff bis Pforzheim reicht. Jetzt läßt es der Mutter aber keine Ruhe mehr: Von Bruchsal aus telegrafiert sie nach Mannheim, daß sie mit dem Wagen fortgefahren und glücklich in Bruchsal angekommen seien. Ganz sicher wird Papa Benz erleichtert aufgeatmet haben, als er dieses Telegramm erhielt, denn bestimmt hatte er das Fehlen des Motorwagens längst bemerkt.

Da Mutter Benz die Fahrt über Bretten nicht wagen will, nachdem der Motorwagen die bisherigen „Bergprüfungen" so schlecht bestanden hat, wird die Straße nach Durlach eingeschlagen. Der Motor läuft noch immer wie ein Uhrwerk, nur nicht so leise. Sieht man von den Aufenthalten infolge Riemenkürzen und Kühlwasser-Erneuern ab, dann hat er nur noch einmal gebockt. Aber die Jungen haben gleich spitz, was ihm fehlt. Ein Ventil ist verstopft, und mit Mutters Hutnadel ist der Schaden schnell behoben.

Hier auf dieser abgelegenen Strecke erregt der „Teufelswagen" ganz besonderes Aufsehen. In Wilferdingen wird im Gasthaus zur Post gevespert, und dann geht es durch das Pfinztal auf Pforzheim zu. Der Motorwagen schafft mal wieder eine Steigung nicht, und dabei dunkelt es schon. Wieder müssen Mutter Benz und Eugen schieben, während Richard steuert und den armen Motor durch geschicktes Aus- und Einrücken des Riemens zum Gotterbarmen quält. Mit Mühe und Not erreichen sie die Höhe, dann endlich geht es über Brötzingen nach Pforzheim hinein.

Obwohl es inzwischen dunkel geworden ist, gibt es dort einen gewaltigen Menschenauflauf. Im Triumphzug wird der Motorwagen zum Leopoldplatz geleitet, und Mutter Benz freut sich wie ein Schneekönig, Eugen und Richard natürlich auch.

Da sie die Großmutter zu nachtschlafender Zeit nicht überfallen wollen, übernachten sie im Gasthaus „Zur Post". Das Nachtessen schmeckt unseren Abenteurern, die an einem einzigen Tage an die 90 Kilometer zurückgelegt haben, großartig. Jubelnd schicken sie dem Vater ein zweites Telegramm: „Sind gut in Pforzheim angekommen."

Am andern Morgen gibt es in der Ispringer Straße bei der Großmutter einen freudigen Empfang. In all das Erklären und Erzählen hinein platzt ein Telegramm aus Mannheim. Erwartungsvoll schauen Eugen und Richard der Mutter über die Schulter, als diese die Hülle aufreißt; sicher gratuliert der Vater zu der großen Leistung. Aber kurz und brummig heißt es da: „Schickt sofort als Expreß die eingefahrenen Ketten für den Ausstellungswagen."

Betreten schauen die drei sich an: Daran hatten sie freilich nicht gedacht, daß der Vater die gut eingefahrenen Gelenkketten für den zur Münchener Ausstellung bestimmten Wagen gebrauchen könnte. Recht hat der Vater ja: die neuen Ketten machen im Anfang immer allerlei Schwierigkeiten, die es bei dem Ausstellungswagen einfach nicht geben darf. So machen sich denn die beiden Buben daran, die Gelenkketten zu demontieren. Es tut ihnen in der Seele weh, daß sie ihren braven Wagen so verstümmeln müssen.

Das war die erste Autofernfahrt der Welt

Um so größer ist der Jubel am nächsten Tag. Der Vater ist doch wohl stolz auf die Leistung der drei Ausreißer und seines Wagens. Er schickt als Expreßgut neue Ketten, die Eugen und Richard eilends aufmontieren. Diese Ketten knarren zwar ein wenig, aber der Wagen kann doch wieder laufen, und das ist die Hauptsache.

Der bisherige Erfolg hat die drei Fernfahrer übermütig gemacht: Für die Rückfahrt wird der Weg über Bretten gewählt. Aber o weh! gleich hinter Eutingen bleibt der Wagen wieder am Berge stecken. Mutter Benz und Eugen müssen absteigen und schieben.

Abgesehen von den kleinen Aufenthalten, die durch Tanken, Kühlwasser-Erneuern und dergleichen bedingt sind, geht die Fahrt jetzt reibungslos vonstatten. Da sie die buckelreiche Strecke über Wiesloch vermeiden und statt dessen über Wiesental heimfahren, kommen sie zu guter Zeit in Mannheim an. Papa Benz empfängt sie freudig und stolz; er glaubt jetzt wieder an seinen Motorwagen.

Das war die erste Auto-Fernfahrt der Welt, gefahren von einer mutigen Frau und ihren halbwüchsigen Söhnen, gefahren ohne Hilfe von dritter Seite — eine wirkliche Pioniertat!

Zwölf Jahre später, am 30. Mai 1900 wurde auf derselben Strecke eine Erinnerungsfahrt gestartet. Jetzt gab es schon einen Benz-Rennwagen, der die 165 Kilometer lange Gesamtstrecke in 3 Stunden und 51 Minuten zurücklegte.

Gefahr für die öffentliche Ruhe und Ordnung

„Wie bitte?" sagte erstaunt der Herr Polizeihauptmann von München zu Carl Benz. „Fahren wollen Sie mit Ihrem selbstbeweglichen Wagen, den Sie auf der ‚Kraft- und Arbeitsmaschinen-Ausstellung' auf dem Isartorplatz zeigen, fahren auf den Straßen von München? Nein, mein Herr, das geht nicht, das geht auf keinen Fall! Sie würden damit die öffentliche Ruhe und Ordnung stören. Gefahrvoll ist die Sache außerdem; er wird ja wohl mit dem hochexplosiven Benzin betrieben, nicht wahr? Nein, stellen Sie Ihren Wagen nur hübsch auf dem Isartorplatz aus, da können ihn ja alle Interessenten besichtigen."

Carl Benz wußte, daß er gerade das Aufsehen für seinen Motorwagen brauchte, und sagte, daß dieser selbstbewegliche Wagen für ihn die Verwirklichung all seiner Jugendhoffnungen und Erfinderträume darstelle. Lange redete er auf den Hüter der öffentlichen Ordnung und Sicherheit ein.

Er hatte das Glück, daß der Polizeihauptmann nach langem Hin und Her die „inoffizielle Erlaubnis" gab, während zweier Stunden am Tag in den Straßen Münchens herumzufahren.

Benz sagt dazu in seiner „Lebensfahrt": „Die ‚inoffizielle Erlaubnis' heißt: passiert kein Unglück, so will der liebenswürdige Polizeihauptmann die Augen zudrücken und uns ungeschoren fahren lassen; geschieht aber ein Unglück mit dem gefährlichen Wagen, so wird der gestrenge Polizeihauptmann von einer gegebenen Erlaubnis nichts wissen und mich unnachsichtlich zur Rechenschaft ziehen."

Benz freute sich wie ein Kind über das Erreichte. Er wußte ja, daß sein Wagen jetzt nach aller menschlichen Voraussicht betriebssicher war. Dieser Wagen war ein verbessertes „Modell 3" mit einem verstärkten Motor von 3 PS und einer zweiten Übersetzung, die sich ausgezeichnet bewährte. Das bisher horizontale Schwungrad war jetzt vertikal angeordnet und das ganze Triebwerk dem angepaßt worden.

Viel Presse, aber nur ein irrer Käufer

Die Fahrerlaubnis der Polizei beschränkte sich auf die Zeit zwischen 2 und 4 Uhr nachmittags. Natürlich war gegen 2 Uhr eine stille Zeit auf der Ausstellung, und das war Carl Benz gerade recht. Es sahen noch genug Neugierige dem Start zu. Das Anwerfen klappte gut, ebenso das Einregulieren des Motors. Dann kletterte Karl Benz auf seinen Sitz. Die Zuschauer hielten beinahe den Atem an. Jetzt bewegte Benz den Schalthebel, in der Aufregung ein wenig hastig. Prompt hüpfte das Vorderteil hoch, und dann rollte der seltsame Wagen ohne Pferde davon, nahm elegant eine Kurve, und die Zuschauer brachen in begeisterte Bravo-Rufe aus.

Das war eine Sensation für München! Das Neue Münchner Tageblatt vom 17. September 1888 brachte folgenden Bericht:

Selbstfahrender Wagen

Wohl selten oder noch nie bot sich den Passanten in den Straßen unserer Stadt ein verblüffenderer Anblick als im Laufe des Samstagnachmittags, wo von der Sendlingerstraße über den Sendlingertorplatz, durch die Herzog Wilhelmstraße in strengem Laufe ein sogenanntes Einspänner-Chais'chen ohne Pferd und Deichsel mit aufgespanntem Dache, unter welchem ein Herr saß, auf drei Rädern – ein Vorder- und zwei Hinterräder – dem Innern der Stadt zueilte ... Ohne eine bewegende Kraft durch Erzeugung von Dampf, ohne die Kraftanstrengung der Füße von seiten des Fahrgastes, wie bei den Velozipeden, rollte der Wagen, ohne Anstand Kurven nehmend und den entgegenkommenden Fuhrwerken und den verschiedenen Fußgängern ausweichend, dahin, gefolgt von einer Zahl atemlos nacheilender junger Leute. Die Bewunderung sämtlicher Passanten, welche sich momentan über das ihnen gebotene Bild kaum zu fassen vermochten, war ebenso allgemein als groß. Der unter dem Sitze angebrachte Benzin-Motor ist die bewegende Kraft, die sich nach dem mit eigenen Augen gesehenen, gelungenen Versuchen auf verkehrsreichen Straßen aufs beste bewährt hat.

Der Benz-Motorwagen wurde zum Hauptanziehungspunkt der Ausstellung; jeder wollte den seltsamen Wagen, der täglich durch die Straßen Münchens rollte, aus der Nähe betrachten und das Geheimnis seines Antriebes ergründen. Gern nahm der Erfinder ernsthafte Interessenten zu Probefahrten mit.

Das Preisgericht der Münchener Ausstellung zeichnete den Patent-Motorwagen mit der Großen Goldenen Medaille aus, der höchsten Auszeichnung, die zu vergeben war. Das war eine wohlverdiente Anerkennung, und die Zeitungen machten nun den Motorwagen überall bekannt.

Das Interesse für die Kraftfahrt war jetzt groß und allgemein, doch Carl Benz klagte: „Wohin ich komme — überall ein allgemeines Staunen und Bewundern, überall wird der Kraftwagen zum sensationellen Ereignis; aber ein Käufer findet sich nirgends im weiten deutschen Vaterlande."

Groß war die Freude, als doch der erste Wagen an einen Deutschen verkauft wurde; Benz glaubte, nun sei der unselige Bann gebrochen. Doch es kam schlimmer als zuvor: Bevor der Wagen abgeliefert werden konnte, wurde der Käufer in eine Irrenanstalt eingeliefert. Da lachte ganz Mannheim: „Seht, ein Verrückter! Nur so einer wird einen Motorwagen kaufen."

An einen Ausländer war freilich schon vorher ein Wagen verkauft worden. Eines Tages im Jahre 1888 war der Monsieur Emile Roger aus Paris in der Waldhofstraße aufgekreuzt. Bisher habe er nur stationäre Benz-Motoren verkauft, doch er habe von dem Benz-Motorwagen gehört und wolle nun auch diesen verkaufen. „Niemand war erstaunter, niemand erfreuter als ich", erzählte Carl Benz einem Freunde, „und meine Kompagnons rieben sich die Hände, als endlich einer der Wagen einen Liebhaber fand ... Es war wohl weniger Sportinteresse, wenn ich davon in damaliger Zeit überhaupt sprechen darf, als kaufmännische Spekulation des Monsieur Roger, der die Vorliebe seiner Landsleute für selbstbewegliche Fahrzeuge kannte und sich vielleicht aus einer Nachahmung großen Vorteil versprach: Dampfwagen liefen in Frankreich schon, und der bequemere Betrieb mit Benzin leuchtete ihm ein."

Roger verkaufte diesen Benz-Wagen an die Firma Panhard und Levassor, die soeben den Bau von Motoren nach Patent Daimler aufgenommen hatte. Als Carl Benz im gleichen Jahr nach Paris kam, fand er seinen Wagen bei dieser Firma wieder, und er erinnerte sich später: „Ich traf einen deutsch sprechenden Elsässer in der Firma, mit dem ich einige Fahrten auf dem Wagen unternahm, und der leicht die Bedienung erlernte; dessen spätere Fahrten in Paris haben eine große Propaganda für unser Fahrzeug gemacht."

Auf jeden Fall hatte Benz in Frankreich ein so reges Interesse an seinem Motorwagen gefunden, daß man in Mannheim beschloß, den Münchener Ausstellungswagen zur Weltausstellung 1889 nach Paris zu schicken.

Alles mußte noch geheimnisvoll zugehen

Daimlers erste Motorkutsche

„Herr Wimpf, i möcht meiner Frau zum Geburtstag am neunundzwanzigsten April e schöne Kutsch kafe", sagte der Herr Privatier Gottlieb Daimler aus Cannstatt zum alten Wimpf, dem Kgl. Hoflieferanten für Wagenbau in der Stuttgarter Rosenstraße. „Was könne Se mer da empfehle?"

„Oh, da wär hier de schöne Americain recht, en ganz ausgezeichneter Wage, wisse Se, zum hinne zuklappe. Des Fahrgestell isch erst vor e paar Tag von Hamburg komme, un die echte Amerikaner Rädle koste eloin fünfundsiebzig Mark."

„Ja, so eppes solid Gebautes soll es sei", bestätigte Herr Daimler, „aber es soll a eppes recht Schönes sei. I denk mer de Lackierung schön dunkelblau, und breit un doppelt fein rot gfaßt; de Bezüg schwarz Leder, un statt Schnür mit lauter Stäb gfaßt, dazu e blank Latern mit Schein. Könne se so eppes mache, Herr Wimpf?"

„Freili könne mer des mache, Herr Privatier, aber zum neunundzwanzigsten April schaffe mer des nit!"

„Noi, des macht dann nix, wann de Kutsch recht schön un solid wird", sagte der Herr Daimler abschließend, und damit war das Geschäft gemacht.

Obwohl Daimler die Kutsche in Wirklichkeit nicht als Geburtstagsgeschenk für seine Frau brauchte, sondern seine erste Motorkutsche daraus machen wollte, war er doch ziemlich ungehalten, als der Wagenbauer sie ganze 4 Monate später anlieferte. Sie wurde geheimnisvoll am Abend des 28. August 1886 von dem jungen Wimpf und zwei Schmieden zur Cannstatter Taubenheimstraße geschoben.

Mit Hilfe des braven Hausburschen und Gärtners Weinbuch, der von Daimler über die Ankunft der Kutsche unterrichtet worden war, wurde sie schleunigst in dem für sie bestimmten Schuppen untergebracht und mit einer Plane sehr sorgfältig zugedeckt.

Wenige Tage darauf holten Leute der Esslinger Maschinenfabrik den Wagen ab, und dort wurde er nach Daimlers Angaben zu einer „Motorkutsche" umgebaut. So muß man diesen Selbstfahrer nennen, denn man entfernte von der ganz normalen Pferdekutsche nur die Deichsel, setzte zwischen die vordere und hintere Sitzreihe einen anderthalbpferdigen Daimler-Motor, schaffte die Kraftübertragung auf die Hinterräder sowie eine Lenkeinrichtung für die Vorderräder, und fertig war das erste Daimler-Automobil, nein, eben die „Motorkutsche".

18 Stundenkilometer sind lebensgefährlich!

Diese Motorkutsche lief gar nicht schlecht. Obwohl sie nicht einmal ein Differential besaß, sondern nur eine einfache Rutschkupplung das Befahren von Kurven gestattete, konnte man mit ihr doch schon mit etwa 18 Stundenkilometern durch die Gegend brausen. Daimlers Gesuch, mit einer Auto-Droschke auf den Canstatter Straßen Fahrversuche machen zu dürfen, wurde allerdings straßenpolizeilich abgelehnt.

Damit machte Daimler in Schwaben die gleichen Erfahrungen, die Benz etwa zur gleichen Zeit am Rhein erlebte: Mühsames Ankämpfen gegen eine ablehnende Volksstimmung, Unterdrückung und Verbot durch die Behörden.

Aber Daimler stellte sein Motorrad und die Motorkutsche hübsch in die Garage und beschloß, seine lieben

Landsleute erst mal auf dem Wasser an den neuen Motor-Antrieb zu gewöhnen.

So ließ er sich also ein Boot von sechs Meter Länge bauen, das bis zu elf Personen faßte. Der 1½-PS-Motor wurde in der Mitte so angeordnet, daß er leicht entfernt werden konnte. Der Führer saß dicht hinter dem Motor und bediente sowohl diesen als auch das Steuer. Für die „Einrichtung zum Betrieb der Schraubenwelle eines Schiffes mittels Gas- oder Petroleum-Kraftmaschine" erhielt Daimler am 9. Oktober 1886 das Deutsche Reichspatent Nr. 39367.

Die Probefahrten mit diesem Motorboot, das bei Vollbesetzung eine Stundengeschwindigkeit von etwa 10 Kilometer erreichte, verliefen sehr befriedigend. Das Wasser war ganz offenbar eine weitaus bessere Grundlage für den Motorbetrieb als die damaligen schlechten Straßen. Zwar setzte auch jetzt wieder ein Geschrei über „den gefährlichen und jede vergnügliche Schiffahrt unmöglich machenden Kahn" ein, doch war die Zahl der Schreier diesmal viel geringer. Begeistert besichtigte man jetzt den komischen Nachen, der geradezu zum Stadtgespräch wurde, zumal auch die Zeitungen wohlwollend darüber berichteten. Etwa folgendermaßen:

„Cannstatt, 5. November 1886. In der letzten Zeit hat ein auf dem Neckar fahrendes, von etwa acht Personen besetztes Boot, das sich, wie von unsichtbarer Kraft getrieben, mit großer Geschwindigkeit stromauf- und -abwärts den Weg durch die Fluten bahnt, bei den Vorübergehenden nicht geringes Aufsehen erregt. Das Schiffchen mit eigenartigem Triebwerk ist von Ingenieur Daimler hier erbaut; die erste Probefahrt wurde Anfang August gemacht. Seitdem haben mehrere hervorragende Techniker solche Fahrten mitgemacht. Seitens des Ruderers bedarf es nur eines Druckes mit der Hand, um das Boot nach jeder gewünschten Richtung in schnellerem oder langsamerem Laufe in Bewegung zu setzen. Den Probefahrten haben bis jetzt beigewohnt die Herren Oberregierungsrat Diefenbach, die Bauräte Gross und Günter und Direktor Kessler."

Achtungsvoll vermerkte es die Mitwelt und die Polizei. „Ja, wenn auch der Herr Oberregierungsrat mitfahre!"

So war also der Neckar für das Motorboot gewonnen, doch galt das beileibe nicht für andere Gegenden. Im Frühjahr 1887 lud der Frankfurter Regatta-Verein Wilhelm Maybach zu einer Vorführung des Motorbootes anläßlich eines Segelsportfestes ein. Da diese Vorführung eine ausgezeichnete Propaganda versprach, nahm Maybach die Einladung an und fuhr mit einem leichten Einsitzer-Boot nach Frankfurt.

Leider mußte er hier feststellen, daß die Frankfurter Segler die wohllöbliche Polizei nicht unterrichtet hatten, und diese verbot nun schlankweg die Vorführung des Motorbootes, „weil alle maßgeblichen Stellen erklärten, der mit Benzin vollgepumpte Kahn müßte in die Luft fliegen, und das würde beim Feste störend wirken."

... da wurde Wilhelm Maybach verhaftet

Maybach ging zu seinem Boot und wartete dort in aller Ruhe ab, bis sich genügend Zuschauer an den Ufern eingefunden hatten. Kurz vor der Eröffnung der Regatta warf er den Motor an, tuckerte zum Startplatz, und ehe die verblüffte Polizei eingreifen konnte, fegte er über die Rennstrecke dahin, daß die Zuschauer ihren Augen nicht trauten und dann schier vor Begeisterung zersprangen. Es war die Sensation, die durch alle Zeitungen lief, und alle Wassersportfreunde horchten auf. Was machte es da aus, daß die erboste Polizei den „leichtsinnigen Fahrer" Wilhelm Maybach verhaftete und auf Nummer sicher brachte? Das gab ja erst die richtige Propaganda!

Im folgenden Jahr gab es eine weitere ausgezeichnete Werbemöglichkeit für das Motorboot: die Einweihung des neuen Hamburger Freihafens. Die reiche Hansestadt richtete zum 18. Oktober 1888 ein prachtvolles Einweihungsfest, dem das Erscheinen Kaiser Wilhelm II. mit großem Gefolge den glanzvollen Rahmen gab. Eine lange Reihe von Schiffen begleitete den Kaiser auf seiner Besichtigungsfahrt durch den Hafen. Keines dieser Schiffe erregte bei den sachverständigen Hamburgern soviel Aufmerksamkeit wie Daimlers Motorboot „Sieben Schwaben“. Ein solch kleiner, flinker und wendiger „Dampfer“, ganz ohne Schornstein und Rauch, war etwas für die Hamburger Schiffer.

Trotz des Aufsehens, das das Motorboot erregt hatte, wollte keine der Hamburger Großwerften an den Lizenzbau von Daimler-Schiffsmotoren herangehen. Der sehr freundliche Chef einer Werft klopfte Daimlers Unterhändler väterlich auf die Schulter und meinte: „Lieber junger Freund, glauben Sie mir, wir erleben es beide nicht, daß ein Schiff mit einem derartigen Nähmaschinchen die grüne See befährt.“

Daimler hatte inzwischen am Seelberg in Cannstatt eine Motorenfabrik aufgemacht, und der waren die Aufträge der Bootsmotore sehr willkommen, indessen man bei Landfahrzeugen die Motore nach wie vor als Höllenmaschinen betrachtete.

Bei den Motorbooten aber war jetzt der Bann gebrochen; man hatte sich hier mit dem Benzinmotor vollkommen abgefunden. Selbst der Reichskanzler Fürst Bismarck bestellte sich ein Motorboot, um damit auf dem Friedrichsruher See spazierenzufahren.

In kurzer Zeit liefen allein im Hamburger Hafen an die hundert Motorboote, und von hier breiteten sie sich in den Hafenorten der ganzen Welt aus. In New York sowohl wie in Amsterdam, Kopenhagen, Triest, Stockholm, St. Petersburg und London, in Afrika und im Fernen Osten liefen Daimler-Motorboote. Und niemand störte es, daß sie mit dem gefährlichen Benzin betrieben wurden.

Der Umweg über das Motorboot lohnte sich doppelt: Einmal brachten die Bootsmotoren schönes Geld ein, das leider die Landverkehrsmotoren unersättlich verschluckten, zum anderen machten die Motorboote das Benzin gewissermaßen „gesellschaftsfähig“, und das war kein kleines Verdienst.

Zum Abschluß hier noch eine lustige Motorboot-Geschichte, die sehr viel dazu beigetragen hat, das Motorboot volkstümlich und zugleich hoffähig zu machen.

Für einen bekannten Sportsmann hatte Daimler im Sommer 1890 ein besonders schönes Motorboot fertiggestellt. Elf Meter war es lang, und ein fünfpferdiger Motor verlieh ihm eine Geschwindigkeit von 23 Stundenkilometern. Man kann es daher mit allem Recht als das erste ausgesprochene Rennboot bezeichnen.

Daimlers Trick auf dem Wannsee

Als Daimler hörte, Kaiser Wilhelm II. werde an der Ruder- und Segelregatta auf dem Berliner Wannsee teilnehmen, entschloß er sich sofort, mit dem Rennboot nach Berlin zu fahren und es bei der Regatta dem Kaiser und den Berliner Sportfreunden vorzuführen.

Aber der Sportsmann, der eine größere Anzahlung geleistet hatte und dem das Boot daher schon gehörte, dachte anders. Als ihn Daimler um Erlaubnis zu der Vorführung bat, sagte er prompt: „Nein!"

Das hatte Daimler vorausgesehen und daher das Boot schon abgeschickt. Eilig fuhr er mit seinem Sohn Paul dem Boot nach, damit es nicht noch in Berlin dem Besteller in die Hände fiele. Dieser hatte irgendwie von dem Versand des Bootes erfahren, und er traute offenbar Daimler zu, daß er sich um sein Verbot nicht kümmern werde. So führte er einen Gerichtsbeschluß herbei, der jedem Unbefugten die Benutzung seines Bootes untersagte.

In Berlin war inzwischen der Regatta-Tag herangekommen. Eine frische Brise blähte die Segel der zahlreichen Schnellkreuzer, die im hellen Sonnenschein schneeweiß glänzten. Jetzt gingen die Flaggen an den Startmasten hoch. Das erste Rudel der schnittigen Jollenkreuzer wurde auf die Reise geschickt. Alle Zuschauer hatten nur Augen für die Segler, auch Gottlieb Daimler an Bord des umstrittenen Rennbootes. Da stieß Paul ihn plötzlich an und sagte aufgeregt: „Du, Vater, schau mal das Ruderboot dort! Das kommt direkt auf uns zu."

Tatsächlich, ein Ruderboot mit zwei Polizeibeamten und einem Zivilisten hält geradewegs auf das Rennboot zu. Sicherlich ist der Zivilist ein Gerichtsvollzieher, der die Gerichtsverfügung überbringen will. Um ihre Beachtung zu erzwingen, hat er die beiden Polizisten mitgebracht.

„Paul, wirf den Motor an!" befiehlt Vater Daimler.

Einen Augenblick später tuckert der Motor. Paul wirft die Leine los, springt wieder zum Führerstand, bringt den Motor auf Touren, legt die Kupplung ein, und schon dreht sich die Schraubenwelle; ein Druck auf das Steuer, und das Boot gleitet auf den See hinaus, in Rufweite an dem Ruderboot vorbei.

Da richtet sich in dem Boot der Gerichtsvollzieher auf und ruft: „Halt! Halt!" Er fuchtelt aufgeregt mit einem Papier in der Luft herum, doch das Rennboot gleitet elegant vorbei.

Vater Daimler ruft seinem Sohn zu: „Du, Paul, es scheint, die wollen etwas von uns! Wart mal ein bißchen!" Schalkhaft glänzt es in seinen Augen; Vater und Sohn verstehen sich ohne Worte. Das Tuckern des Motors erstirbt; langsam nur gleitet der schnittige Renner weiter, liegt schließlich still.

„Ha, der Motor ist kaputt!" schreit der Gerichtsvollzieher. „Los, schnell, daß wir sie erwischen!" Die Polizisten legen sich gewaltig in die Riemen, so daß sie sich schnell dem Ausreißer nähern. Wieder schreit der Gerichtsvollzieher und schwenkt sein Papier. Gottlieb Daimler neigt sich würdevoll vor und legt die Hand hinters Ohr. Eben will der Gerichtsvollzieher zu einer neuen Erklärung ansetzen, da springt der Motor wieder an, und das Boot schießt davon. Daimler richtet sich auf und zuckt ratlos die Achseln.

Der Gerichtsvollzieher hat sich auf seine Bank zurückfallen lassen und starrt finster vor sich hin. Doch schon

springt er wie elektrisiert wieder auf: das Tuckern des Motors ist erstorben! Das Rennboot treibt wieder dahin!

Neue Tatkraft erfüllt den Pflichtgetreuen, und seine Helfer rudern mit aller Macht, mag auch der Schweiß unter den Helmen hervorrinnen. Wieder nähern sie sich dem schnittigen Motorboot, und Triumph bemächtigt sich der Hüter des Gesetzes.

Da fängt der Motor wieder an zu laufen, zwar stotternd nur, aber er läuft. Entsetzt läßt der Gerichtsvollzieher einen heftigen Wortschwall auf Daimler los.

Aber kann man von einem Schwaben verlangen, daß er Berliner Deutsch versteht? Aus Daimlers Gesichtszügen ist deutlich zu ersehen, daß er kein Wort begreift und — schade, in diesem Moment kommt der Motor wieder auf Touren, und das Boot saust davon. Wieder zuckt Daimler bedauernd die Achseln.

So spielen die Daimlers Katz und Maus mit den Hütern des Gesetzes. Paul Daimler erfindet immer neue Arten, den Motor ersterben zu lassen und Pannen vorzutäuschen.

Seine Verfolger rackern sich ab, und der Gerichtsvollzieher brüllt sich heiser.

Längst sind die Zuschauer aufmerksam geworden. Sie erkennen schnell, daß es sich hier um ein bewußtes Katz-und-Maus-Spiel handelt. Brüllendes Gelächter läuft am Ufer entlang, auch die Verfolger merken schließlich, was gespielt wird, doch Befehl ist Befehl für sie. Verbissen setzen sie die Jagd fort, bis alle Teilnehmer der Regatta und selbst der Kaiser mit seinem Gefolge aufmerksam werden.

Amüsiert betrachtet Kaiser Wilhelm durch sein Fernglas die Jagd. Niemand kann ihm sagen, was die seltsame Vorstellung bedeutet, doch wird man sich in aller Eile erkundigen. Dann wird er plötzlich ganz aufgeregt und ruft: „Wunderbar! Ganz fabelhaft!" Daimler hat jetzt gefunden, daß sich die allgemeine Aufmerksamkeit genügend auf sein Rennboot konzentriert. So setzt er zur eigentlichen Vorstellungsfahrt an. Paul läßt den Motor mit Vollgas laufen, der Bug hebt sich, und stolz prescht das Boot über die blauen Fluten des Wannsees dahin.

Begeistert ist auch der Kaiser, und als er die Veranlassung der seltsamen Jagd auf dem Wasser hört, lacht er herzlich. Er will unbedingt das prachtvolle Rennboot sehen und mit Daimler sprechen.

Nachdem er das Boot besichtigt hat, ist seine Bewunderung noch gewachsen. Er gibt ihr freimütig Ausdruck, und die Zeitungen bringen sie in großen Schlagzeilen. Natürlich lassen sich die Reporter die amüsanten Begleitumstände nicht entgehen, und so lacht in den nächsten Tagen nicht nur Berlin, sondern ganz Deutschland, ja sogar das sportlich interessierte Ausland über die Jagd auf dem Wannsee. Besonders die Pariser amüsieren sich königlich darüber, und so ist auch hier Daimlers Name in aller Munde.

Wie nimmt man den Leuten die Angst vor dem Benzin?

Zwei schwäbische Dickköpfe

Während Daimlers Motorboote ihren Siegeszug um die Welt antraten, sah und hörte man in der Öffentlichkeit von der Motorkutsche nichts mehr. Aber nächtlich auf stillen Landstraßen außerhalb Cannstatts probierte Wilhelm Maybach unermüdlich daran herum.

Von Anfang an hatte er Daimlers Ansicht bekämpft, daß man aus einem Pferdefuhrwerk durch einfachen Umbau einen alle Anforderungen erfüllenden Motorwagen machen könne. Daimler als der Geldgeber hatte seinen Willen durchgesetzt, und nun war die Motorkutsche da. Daimler sagte: „Wunderschön!" und Maybach verächtlich: „Mist!" Daraus ergaben sich sehr herzerfrischende Diskussionen zwischen den beiden schwäbischen Dickköpfen.

Maybach wollte ein organisch durchgebildetes Motorfahrzeug schaffen, eben das Automobil, während Daimler nicht zu Unrecht darauf hinwies, daß sich nicht einmal eine billige Motorkutsche verkaufen lasse, geschweige denn ein teures Automobil. Ihm lagen viel mehr seine umfassenden Motorisierungsideen am Herzen. „Wir müssen auf allen Gebieten der Motoranwendung die ersten sein!" predigte er dauernd, und er überhäufte seinen Konstruktionschef Wilhelm Maybach mit Arbeit.

Darunter waren recht originelle Ideen, die zum Teil darauf abzielten, den Daimler-Benzinmotor bekannt zu machen. So richtete er eine Miniatur-Straßenbahn ein, die vom Wilhelmsplatz durch die Königsstraße bis zum Cannstatter Kursaal lief, eine Strecke von etwa tausend Metern.

„Dieses Zügle ohne Lokomotive" war die Sensation des Cannstatter Volksfestes. Das wirklich niedliche „Bähnle" erregte das Entzücken des Volkes und auch die Aufmerksamkeit der Fachkreise. Jeder wollte mit dem putzigen Ding gefahren sein, und bald störte es niemand mehr, einem Petrolmotor die Fortbewegung zu verdanken. So schwand durch das „Straßenbähnle" die Angst vor dem neuen Motor; allerdings wagte es Daimler immer noch nicht, von einem Benzinmotor zu sprechen.

Auf einer Ausstellung in Bremen ließ Daimler eine Bahn laufen, deren offener Wagen bereits zwanzig Sitzplätze hatte. In Wien ließ Daimler gleich drei Motorwagen laufen. Dabei zog so ein zweipferdiger Motor sogar noch einen Anhänger, so daß insgesamt 26 Personen gleichzeitig befördert werden konnten bei einer Stundengeschwindigkeit von 18 Kilometern. Das war für die Wiener vielleicht ein Vergnügen!

Angst vor dem Benzin? — Keine Spur!

Maybach mußte auch einen richtigen Eisenbahn-Triebwagen konstruieren, dessen Motor auf 6 PS verstärkt worden war. Die Stuttgarter Pferde-Eisenbahn-Gesellschaft ging daraufhin teilweise zum Motorbetrieb ihrer Pferdebahn-Linien über.

Im Sommer 1888 führte Daimler eine vierpferdige Motorspritze auf dem Feuerwehrtag in Hannover vor. Ihre Leistung begeisterte die Feuerwehrleute. Obwohl diese Motorspritze 5610 Mark kostete — damals sehr viel Geld! —, war sie im Handumdrehen verkauft.

Als nächstes ging Daimler in die Luft.

Seit bei der Belagerung von Paris die strategische Bedeutung lenkbarer Luftballons deutlich geworden war, hatte er sich mit diesem Problem befaßt. Er regte beim preußischen Kriegsministerium Versuchsfahrten motorbetriebener Ballons an, doch holte er sich dort einen Korb.

Da las er in der Zeitung von dem „fliegenden Buchhändler" Doktor Wölfert in Leipzig. Flugs lud er ihn nach Cannstatt ein, und Maybach mußte einen extraleichten 2-PS-Motor für ihn konstruieren.

Der nackte Ballonfahrer

Am 12. August 1888 sollte der Ballon vom Fabrikhof am Seelberg starten, aber der dicke Doktor und der Motor waren zu schwer für den kleinen Ballon. Schon begannen die Zuschauer zu lachen, da rettete der junge Mechaniker Schwabe, der einen schmächtigen Körper, doch großen Mut besaß, die Lage.

Zaghaft stieg der Ballon mit ihm hoch — unser junger Luftschiffer plus Motor ergaben zusammen noch immer ein reichlich hohes Gewicht. Aber der Junge war in Ordnung; er zog seine Jacke aus und warf sie den Zuschauern auf den Kopf. Prompt stieg der Ballon ein wenig, doch im selben Augenblick brach ihm kalter Schweiß aus: der Ballon trieb haargenau auf einen hohen Fabrikschlot zu! Fieberhaft stürzte sich Schwabe auf den Motor; endlich tuckerte der, und die Luftschraube drehte sich. Mit knapper Not vermochte er den Ballon an dem Schornstein vorbeizulenken. Aber schon verlor der Ballon wieder an Höhe. Was war zu tun? Schwabe zog seine Schuhe aus und warf sie über Bord, die Hose folgte, und als er eine knappe Stunde später bei Kornwestheim landete, da war er beinahe nackt.

Ein zweiter Aufstieg verlief ähnlich. Grundsätzlich war die Lenkfähigkeit eines motorgetriebenen Ballons bei Windstille und leichtem Wind bewiesen, aber für weitergehende Versuche war das PS-Gewicht des Motors noch zu groß.

Jetzt stand die Pariser Weltausstellung von 1889 vor der Tür. Was sollte man nun ausstellen?

Daimler und Maybach unterhielten sich sehr gründlich darüber. Maybach ließ nicht locker, und eines Tages hatte er Daimler mürbe: Es wurde beschlossen, daß Daimler außer zwei Motorbooten, einer kleinen Trambahn und einer 2-PS-Beleuchtungsanlage ein funkelnagelneues Automobil ausstellen werde.

Ein Automobil, nicht etwa eine Motorkutsche! Dieses neue Automobil sollte auch einen neuen Motor erhalten, und beides mußte noch konstruiert werden. In der Freude darüber, daß er endlich seine Lieblingsidee ausführen durfte, war Maybach keine Arbeit zuviel. Es gab für ihn wenig Schlaf in den folgenden Wochen und Monaten, aber das neue Auto samt dem neuen Motor wurde rechtzeitig zur Weltausstellung fertig, und siehe da: es waren zwei Meisterwerke!

Der Wagen war ohne Holz gebaut, die Räder bestanden aus Stahl mit Drahtspeichen und Vollgummireifen, das Fahrgestell aus Stahlrohren. Die Kraftübertragung erfolgte nur durch Zahnräder über ein Viergang-Wechselgetriebe, das dem Wagen vier Geschwindigkeiten verlieh: 6, 9, 13 und 19 km/Std. Um den Wegfall des gewohnten Riemenantriebes gab es zwischen Daimler und Maybach beinahe Mord und Totschlag, doch setzte auch hier Maybach seinen Willen durch. So kann man diese Stahlradwagen mit dem neuen Zweizylinder-V-Motor mit Fug und Recht als das erste Maybach-Auto bezeichnen.

Die Pariser Weltausstellung von 1889 war von allen bisherigen Weltausstellungen weitaus die glanzvollste. Achtundzwanzig Millionen Besucher aus allen Ländern der Erde sahen den soeben fertiggewordenen Eiffelturm, mit seinen dreihundert Metern das höchste Bauwerk der Erde, mit seinen unzähligen Lichtern im Abenddunkel ein wahres Märchenschloß. Paris wurde für Monate der Mittelpunkt der Welt.

Daimler kannte aus seiner Deutzer Zeit den Pariser Rechtsanwalt Sarazin. Aus der Bekanntschaft war im Laufe der Zeit Freundschaft geworden, und Daimler hatte seinem Freund Sarazin 1886 die Auswertung des französischen

Patentes auf den raschlaufenden Daimler-Motor überlassen. Dieser vergab eine Lizenz an die Pariser Firma Panhard und Levassor, die danach auch wirklich Daimler-Motoren baute. 1887 starb Sarazin, doch hatte er seiner Frau eindringlich empfohlen, die Verbindung mit Daimler zu pflegen. Madame Sarazin heiratete später Emile Levassor, Teilhaber der Firma Panhard und Levassor. Das waren die Geschäftsfreunde, die mit ihren Beziehungen Daimler alle Wege ebneten. Natürlich veranlaßten sie alle ihre vielen Freunde und Bekannten, sich die Erzeugnisse ihrer deutschen Freunde anzusehen. Mit den Daimler-Motorbooten „Passe-Partout" und „Violette" wurden Fahrten auf der Seine veranstaltet, bei denen die weltgewandte Madame Sarazin vielbewunderter Mittelpunkt war. Levassor aber fuhr oft mit dem neuen Stahlradwagen über die belebten Boulevards von Paris. Dabei wurde er zu einem begeisterten Autofahrer, der nicht genug tun konnte, das neue Verkehrsmittel zu preisen.

Alles das trug dazu bei, Daimlers Beschickung der Weltausstellung zu einem vollen Erfolg zu machen. Am 1. November 1889 übertrug Daimler der Madame Sarazin die Verwertung seiner französischen und belgischen Patente. Das ist ein sehr wichtiges Datum in der Geschichte der französischen Automobil-Industrie.

Wir haben ja früher gehört, daß man in Mannheim große Hoffnungen auf die Pariser Ausstellung setzte. Tatsächlich stellte der Vertreter Roger einen stationären Benzmotor und auch einen Benz-Motorwagen im gleichen Pavillon aus, in dem Daimlers Erzeugnisse standen. Er tat aber nichts, um den Namen Benz bekanntzumachen. So wurde die Weltausstellung für Benz zu einem völligen Mißerfolg.

Zwei geniale Männer arbeiten nebeneinander her

Eine stolze Leistung des »Viktoria«

Der Mißerfolg von Paris wurde bei Benz in Mannheim als ein schwerer Schlag empfunden. Rose und Esslinger glaubten nicht mehr daran, daß der Motorwagen jemals Käufer finde, und sie bangten ernstlich um ihr Geld. In dieser kritischen Lage fand Benz in Friedrich von Fischer und Julius Ganss neue Teilhaber, die einen starken Glauben an die Zukunft des Motorwagens mitbrachten.

Am 1. Mai 1890 wurde die Geschäftsumbildung vollzogen. Die beiden neuen Teilhaber waren erfolgreiche Kaufleute, und Ganss war eine ausgesprochene Verkaufskanone.

Julius Ganss war für die Fabrik soviel wert wie eine Armee für einen Feldherrn. Was er auch anpackte, packte er sicher, großzügig und im genau richtigen Augenblick an. In allen größeren Städten verpflichtete er Benz-Vertreter. Und mit allen diesen Herren stand er nicht nur geschäftlich, sondern auch menschlich auf allerbestem Fuße, und zwar nicht nur im Anfang, sondern immer. Mit diesem Schwung ging es nun bei der Firma Benz und Co. erfreulich aufwärts. Freilich beschränkte sich das Geschäft zunächst auf den Bau ortsfester und Bootsmotoren, denn der Motorwagen war noch immer ein Sorgenkind.

Vor allem lag Carl Benz die Umgestaltung vom Dreirad- zum Vierradwagen am Herzen. Der Dreiradwagen war ja nur eine Verlegenheitslösung gewesen, die bei den damaligen Straßen starke Nachteile hatte. Er wollte jedoch nicht früher mit einem Vierradwagen auf den Markt kommen, ehe er nicht die Lenkungsfrage einwandfrei gelöst hatte. Die richtige Idee fand er im Frühjahr 1891 in einer alten Zeitschrift, wo sie bei einem Dampfwagen verwirklicht war, doch der eigentliche Erfinder ist der Münchener Hofwagenbauer Georg Lankensperger, der schon 1816 ein „Königlich bayrisches Privileg" darauf bekommen hatte.

Die Ausgestaltung dieser Achsschenkel-Lenkung für den Motorwagen bereitete Benz sehr viel Mühe. Zwei Jahre dauerte es, bis sie ihn voll befriedigte. Dafür war seine dreiteilige Achse aber auch eine Verbesserung, die aus der Automobiltechnik nicht mehr wegzudenken ist. Benz nannte seinen ersten mit Achsschenkellenkung ausgestatteten Vierradwagen „Viktoria". Er hatte das Aussehen eines Kutschwagens, weil das damals von den meisten Käufern gewünscht wurde.

Die gefährlichen Herren mögen es schneller

Mit diesem Wagen überzeugte der Fahrmeister Thum die Abgesandten der badischen Landesregierung von der Betriebssicherheit und Ungefährlichkeit der Benz-Automobile und erreichte dadurch den Wegfall der bis dahin geltenden Geschwindigkeitsbegrenzung auf 6 km/Std.:

Als Benz dem Fahrmeister Thum den Auftrag gab, die „gefährlichen" Herren vom Bahnhof Mannheim abzuholen, schärfte er ihm ein, keinesfalls schneller als 6 Kilometer in der Stunde zu fahren. Die hohen Herren kamen richtig an, setzten sich in die elegante Benzinkutsche, und Thum zockelte mit ihnen los, so langsam, wie er nur konnte. Die etwas mißtrauischen Herren freuten sich über das behaglich-langsame Dahinfahren. Mit der Zeit kam ihnen das Thumsche Tempo aber doch etwas langweilig vor. Als sie jetzt zurückschauten, sahen sie, daß ein Milchwagen mit einem Gaul davor allen Ernstes Miene machte, ihr „Auto" zu überholen. Das ging den Herren denn doch gegen die Ehre, und ein forscher Ministerialrat rief dem braven Thum zu: „He, können Sie nicht schneller fahren?"

„Können tu' ich's schon, aber ich darf nicht; es ist polizeilich verboten."

„Ei was, fahren Sie mal zu, sonst fährt uns ja jede Milchkutsche vor!" befahl da der Herr Ministerialrat, und damit war der Bann gebrochen. Papa Benz sah mit Schrekken, daß Thum in einem beträchtlichen Tempo auf den Fabrikhof fuhr. Aber aus den „gefährlichen" Herren waren schon Freunde des Automobils geworden, und die unsinnigen Geschwindigkeitsbeschränkungen fielen.

Jetzt wurde die Benzinkutsche schon hoffähig. Der junge böhmische Baron Liebig hatte in den „Fliegenden Blättern" eine Ankündigung des Benzwagens gesehen und fuhr eilends nach Mannheim, um einen solchen zu kaufen. Auf dem Fabrikhofe traf er Carl Benz in Frack und Zylinder an, als er eben den Großherzog zur Vorführung seines Wagens erwartete.

„Habe ich die Ehre, Herrn Carl Benz zu sprechen?" fragte der Fremde.

„Ja, aber später", erwiderte kurz der Fabrikherr, beugte sich zu seinem Wagen nieder und tat, als ob er daran noch etwas Wichtiges vorzubereiten hätte.

Inzwischen prüfte der Fremde den Wagen, unbekümmert um die trockene Antwort. Plötzlich sagte er mit lauter Stimme, als wäre seine Begeisterung für das neue Fahrzeug zu jubelndem Klang geworden: „Ich kaufe ihn!"

Da reckte sich Herr Benz so überrascht auf, daß sich sein Zylinder schief über das linke Ohr setzte, und schaute, während er den Hut in Ordnung brachte, den Fremden scharf an. Es war nur ein Augenblick, aber er entdeckte jene Glut aufrichtiger Begeisterung, die er noch bei keinem Käufer gefunden hatte. Was ihn jetzt noch hemmte, aus sich herauszugehen, war nur die Jugend des Barons.

Da reichte ihm der Fremde schon die Karte hin und sagte: „Ich bin eigens aus Böhmen hierhergefahren, muß schnell wieder weiter, weil ich nur einen Zug übersprungen habe. Gönnen Sie mir doch eine Probefahrt! Wann kommt der Großherzog?"

„Baron Theodor Liebig, Reichenberg in Böhmen", las Carl Benz laut vor sich hin. Dann meinte er: „Wann der Großherzog kommt? In höchstens einer Viertelstunde."

„Eine Viertelstunde? Indessen sind wir von einer Weltreise zurück!" lachte Liebig.

„Sie wären mein Mann!" erklärte Carl Benz, dem diese Worte gefielen. „Wenn ... die Zeit zu Verhandlungen ist kurz. Der Wagen kostet viertausendfünfhundert Mark. Anzahlung eintausendfünfhundert Mark."

Bei diesen Worten schaute er den jungen Käufer mit einem letzten Mißtrauen an. Der aber überlegte nicht, zog die Brieftasche heraus, beglich die Anzahlung und fragte: „Wie weit fahren wir jetzt?"

„Wir fahren", lächelte Karl Benz, „zwar nicht um die Welt, aber ums Gartenrondell."

Es begann in dem Wagen, der die Hand seines Führers spürte, ein seltsames Knarren, ein Ruck schien ihn aus dem Gartenweg werfen zu wollen, aber dann glitten die Räder willig über den Sandsteig, und es wurde eine glatte, kecke Rundfahrt.

„Wann können Sie mir den Wagen liefern?" fragte Liebig.

„Haben Sie es so eilig?"

„Natürlich! Sonst kommt mir der Großherzog zuvor!"

„Keine Angst, mein lieber Baron! Sie haben früher bestellt, Sie werden auch früher beliefert!"

„Wann?"

„Nun also, sagen wir ... im ..."

In diesem Augenblick stürmte ein Arbeiter in den Garten und rief schon von weitem: „Herr Chef, der Großherzog!"

„Sehen Sie, da ist er!" Liebig lachte. „Mir an den Fersen! Also wann? November? Dezember?"

„Dezember!" erklärte Carl Benz.

„Gut, ich erwarte ihn — und danke Ihnen für Ihre Freundlichkeit! Nächstes Jahr — da komme ich im Wagen her, um seinen genialen Erfinder zu begrüßen."

„Aus Böhmen?"

„Über Berg und Tal!" Liebig drückte dem Erfinder die Hand und rief im Forteilen: „Auf Wiedersehen!"

Diese Worte waren noch kaum verhallt, als der Viererzug des Großherzogs am Fabriktor vorfuhr.

Als Liebig im Sommer 1894 an Benz schrieb, er werde in Kürze zu dem versprochenen Besuch in Mannheim starten, da schrieb ihm dieser zurück: „Auf eine so lange Fahrt übernehme ich keine Garantie!"

Eine kühne „Spritztour" nach Mannheim

Der Oberlandesgerichtsrat Stransky, der Vater von Liebigs Schulkameraden Franz, verbot diesem zunächst die Mitfahrt. Aber wann hat die Jugend auf die Bedenken des Alters gehört, wenn ein Abenteuer lockte? Franzens Vater wurde weichgemacht, und am 16. Juli 1894 ging es auf die große Fahrt, die damals tatsächlich etwas Unerhörtes war, eine wirkliche Pionierfahrt.

In aller Herrgottsfrühe knatterte der blankgeputzte „Benz-Viktoria" über Reichenbergs holpriges Pflaster. Niemand gab ihm das Ehrengeleit, und das war unseren beiden jungen Abenteurern gerade recht. Herrlich war es, so in den jungfrischen Morgen hineinzufahren.

An der sächsischen Grenze waren sie so früh, daß sie den Zollbeamten durch energisches Klingeln aus seinem wohlverdienten Schlummer wecken mußten. Verschlafen fertigte er sie ab.

Als sie eben losfahren wollten, wurde er plötzlich wach und fragte staunend: „Na heren Se, wo hab'n Se denn die Pferde gelassen?"

Mit ernsthaftem Gesicht erklärte ihm Franz: „Die kommen hinterher; wir wollen sie schonen, weil wir eine lange Reise vorhaben. Wenn Sie sie sehen, sagen Sie ihnen doch bitte, daß wir in Dresden warten."

Bevor sich der verdutzte Zöllner zu einer Antwort aufraffen konnte, legte Liebig die Kupplung ein, und der Wagen ratterte los, hinein in das Königreich Sachsen.

Unsere Freunde fuhren munter in der Richtung nach Dresden, und ihr braver Benzwagen machte prächtige Laune. Daß Liebig in regelmäßigen Abständen den Antriebsriemen straffen und Franz aus den kleinen Bächen Kühlwasser holen mußte, war ihnen von ihren früheren Fahrten her zu einer lieben Gewohnheit geworden.

Eine Fahrt mit Hindernissen

Zum Mittagessen waren sie in Dresden, wo sie sich ausgiebig für die kommenden Anstrengungen stärkten und auch ihren Benz mit gutem Apotheker-Benzin fütterten. Dem schien die Mahlzeit aber nicht gut bekommen zu sein, denn bei der Abfahrt blieb er mitten auf einer Hauptstraße Dresdens stehen und sagte keinen Ton mehr. Hier mitten in der Großstadt gab es natürlich im Nu einen gewaltigen Auflauf um den pferdelosen Wagen.

Franz hatte die Aufgabe, die Leute ein wenig vom Wagen fernzuhalten, während Theodor unter dem Wagen lag und eifrig die Ursache der Panne suchte. Der brave Franz fing an, auf saftigen Spott der Umstehenden noch saftigere Antworten zu geben, da kroch der Baron unter dem Wagen hervor, rief ihm zu: „Schnell, 'rauf!" und warf den Motor an. Im Nu knallte es im Auspuff, als wenn ein Böller losgegangen wäre. Das angesammelte Volk sprang erschrocken zurück und purzelte übereinander, daß es eine wahre Freude war für unsere beiden Freunde, die jetzt stolz davonratterten.

„Was hat denn dem blöden Kerl bloß gefehlt?" fragte Franz und strich sich den Schweiß von der Stirn.

„Ach, bloß eine Kleinigkeit. Er hatte sich verschluckt; zuviel Benzin im Vergaser."

„Siehst du", stellte Franz darauf weise fest, „alles Unglück kommt von der Unmäßigkeit."

Leider gab es bald ein weiteres Hindernis. Ein arger Berg stemmte sich ihnen entgegen. Kurz vor der Höhe mußte Franz schieben. Unter Ächzen und Stöhnen wurde die Bergeshöhe erreicht. „Gott sei Dank!" stellte Franz aufatmend fest. „Jetzt gibt es eine lustige Talfahrt."

„Na, na, ob es so lustig wird, weiß ich nicht", meinte Liebig zweifelnd. „Siehst du die Wolkenwand drüben? Wenn die nur nicht ein Gewitter bringt."

„Wir haben ja das aufklappbare Dach."

„Schon, aber es ist so mit Gepäck verstopft, daß wir es nicht aufbringen."

„Das ist ja eine feine Bescherung! Was machen wir da?"

„Hindurch!" sagte der Baron entschlossen und legte die Kupplung ein. Ja, und dann fuhr der „Benz" mit einer „unheimlichen" Geschwindigkeit bergab; denkt nur: mit mindestens zwanzig Stundenkilometern! Und der Regen peitschte dabei den beiden Mutigen ins Gesicht, der Donner rollte und Blitze zuckten. Es war eine Höllenfahrt!

Unter einem wunderschönen Regenbogen breitete sich jetzt vor ihnen das Städtchen Waldheim aus. „Hier übernachten wir!" bestimmte Liebig. „Fein!" freute sich Franz. „Ich bin naß bis auf die Haut!"

Als sie dann gemütlich und trocken im Gasthaus saßen, da stellten sie fest, daß sie in 14 Stunden 196 Kilometer zurückgelegt hatten. Das war mehr, als sie erwarten konnten, und Franz meinte: „Na, du wirst aber auch schön müde sein! Vierzehn Stunden hinter dem Steuer!"

„Oh, ich könnte noch weiterfahren", meinte Liebig. „Aber wir wollen es im Anfang nicht übertreiben. Wir haben ja noch eine schöne Strecke vor uns."

Schon um 4 Uhr morgens stand der Baron auf, machte den Wagen fertig und weckte dann den Freund. Der trennte sich ungern vom warmen Bett, wurde aber schnell munter, als der Freund ihm erklärte: „Gestern haben wir 196 Kilometer geschafft, heute müssen wir die Zweihundert überschreiten."

Lustig ratterte der „Benz" wieder los. Über Rochlitz und Geithain ging es nach Altenburg.

Vorerst rollte der Wagen jetzt munter weiter, aber kurz hinter Meuselwitz wurde der Benzinbehälter undicht. Gerade hier war die Straße in einem elenden Zustande, aber es nutzte nichts, Liebig mußte Vollgas geben, um rechtzeitig zum nächsten Ort zu kommen. Gewaltig durchgerüttelt erreichten sie Zeitz, wo ein Klempner den Benzinbehälter reparierte, während die Freunde zu Mittag aßen.

Täglich 200 km ist schon ein Rekord

Der Benzinbehälter war rechtzeitig fertig, doch jetzt streikte der Motor. Alles Zureden half nicht; er rührte und regte sich nicht. Da fing selbst der gute, freundliche Theodor an zu fluchen. Endlich nach drei Stunden fand er: eine lose Schraubenmutter im Triebwerk.

Drei Stunden waren verloren an einem Tage, der eine Rekordstrecke hatte bringen sollen, drei Stunden, die nicht wieder einzubringen waren. Der Rekord war hin, darüber gab es keinen Zweifel. Aber vielleicht konnte man doch noch ein schönes Stückchen vorwärts kommen, wenn man statt der stark gewundenen Straße kürzere Feldwege fuhr.

Gedacht, getan! Erst ging es wunderschön. Der Wagen glitt auf festen Rasenwegen viel ruhiger dahin als auf der löcherigen Straße. Die beiden Freunde jubelten ob ihres glorreichen Einfalls. Doch plötzlich sackten die Vorderräder ein, der Wagen ruckte noch einen Augenblick, dann waren auch die Hinterräder im Lehm eingesunken.

Was nun? Hier half kein Lamentieren; die Schutzkittel wurden angezogen, und dann ging es dem Lehm zu Leibe. Nach stundenlanger Arbeit stand der „Benz" wieder auf festem Boden, aber beide sahen aus wie Wildschweine,

die sich tüchtig gesuhlt haben. Auf dem nächsten Seitenweg ging es nun reuig zur Straße zurück, und da schon der Abend nahte, wurde in dem Städtchen Eisenberg Quartier gemacht. Aus dem 200-Kilometer-Rekord waren magere 112 Kilometer geworden. Dazu wurde noch ein Ruhetag eingelegt, um nach dem Lehmbad wieder menschlich zu werden.

Dieser Ruhetag hatte nicht nur den Fahrern, sondern auch dem Wagen gutgetan. Er lief wunderschön. Daß sie an diesem Tage nur 136 Kilometer schafften, lag daran, daß sie die schöne Thüringer Städteroute fuhren: Jena, Weimar, Erfurt, Gotha, Eisenach. Wer hätte da wohl mit Vollgas „rasen" mögen?

Am nächsten Tag galt es, viele steile Bergstraßen zu erklettern, und Franz mußte fleißig Wasser herbeiholen. Brav schaffte es der „Benz", wenn er auch oft so keuchte, als wenn er sterben wollte. Nachdem sie dann noch hinter Fulda durch ein paar kleine Pannen aufgehalten wurden, beschlossen sie, die Nacht durchzufahren.

Obwohl die milde Juli-Nacht einladend genug war, bedeutete eine solche Nachtfahrt damals noch ein tollkühnes Unternehmen. Der Schein der beiden Kerzen in den Lampen reichte kaum bis zum Boden, die unausbleiblichen Pannen mußten bei flackernder Kerze behoben werden, wobei die Kerze beileibe nicht dem Benzin zu nahe kommen durfte. Beim Wasserholen versanken die beiden Freunde beinahe in einem Sumpf, und die Straßenmarkierung war gar mangelhaft.

Trotzdem erreichten sie beim ersten Dämmerschein des jungen Morgens den Main. Hier gab es ein Großreinemachen, und dann ging es bei wundervollem Sonnenaufgang in die Mainebene hinaus. Flott lief der Wagen am schlafenden Frankfurt vorbei, dem Rhein zu. Schon wurde es auf den Straßen lebendig, der Alltag erwachte. Rechts voraus winkte die alte Kaiserstadt Worms. In Lampertheim gab es eine letzte Stärkung, dann rollte der „Benz-Viktoria" gen Mannheim zu Papa Benz.

Stundendurchschnitt 13,5 Kilometer

Als der Wagen in den Fabrikhof fuhr, hatte er von Eisenach her 282 Kilometer in 26 Stunden zurückgelegt, von Reichenberg 726 Kilometer in 57 Fahrstunden.

Natürlich gab es bei Benz ein großes Hallo, als unsere Fernfahrer anlangten. Papa Benz improvisierte in seiner Freude ein Betriebsfest. Bänke und Tische wurden im Fabrikhof aufgestellt und ein Faß Bier angestochen. Dann hielt der fünfzigjährige Erfinder eine herzbewegende Rede.

Am nächsten Morgen fuhren unsere Freunde weiter nach Gondorf an der Mosel, wo Theodors Mutter sie erwartete. 939 Kilometer hatten sie in 69 Fahrstunden zurückgelegt bei einem Stundendurchschnitt von 13,5 Kilometer. 140 Kilo Benzin hatte der „Benz" dabei geschluckt und 1500 Liter Wasser. Der ganze Spaß hatte unsere Freunde 185 Mark gekostet.

Später machten sie noch einen Abstecher nach Frankreich, und als sie schließlich wieder in Reichenberg anlangten, da hatten sie so in aller Stille 2500 Kilometer mit dem „Benz-Viktoria" zurückgelegt. Eine fabelhafte Leistung, die alle Zuverlässigkeitsfahrten der damaligen Zeit weit in den Schatten stellte.

Theodor Liebig ist dem Hause Benz ein treuer Freund geblieben. In zahllosen Fahrten hat er die Benzwagen bekannt gemacht. 1939 ist der „Benz-Baron" gestorben.

Kehren wir ins Jahr 1894 zurück. Jetzt war auch in Deutschland die Zeit gekommen, daß fortschrittliche und sportbegeisterte Leute an den Kauf eines Autos dachten, und Julius Ganss verkaufte, zumal Carl Benz noch im gleichen Jahr einen „Volkswagen" konstruierte, den „Benz Velo". Dieser zweisitzige Kleinwagen wog nur 280 Kilogramm. Er hatte einen anderthalbpferdigen Motor, der bis zu 500 Umdrehungen in der Minute machte und damit eine Stundengeschwindigkeit von etwa 20 Kilometern erreichte. Vor allem war er billig, denn er kostete mit 2000 Mark nur etwa die Hälfte der „Viktoria".

Carl Benz lag dieser Wagen ganz besonders am Herzen, und er hat ihn fortlaufend verbessert. Dieser erste „Volkswagen" hat das Auto zu einem großen Teil volkstümlich gemacht.

Mit seiner wachsenden Beliebtheit wuchs natürlich auch der Absatz und damit auch die im Benzschen Autobau tätige Belegschaft. Lange war diese Abteilung von dem tüchtigen Meister Spittler geleitet worden, doch schien es jetzt an der Zeit, für den Automobilbau einen Ingenieur als Betriebsleiter einzustellen, und nun machen wir die Bekanntschaft von August Horch.

August Horch will die Wagen schneller machen

Der neue Mitarbeiter

August Horch ist 1869 in Winningen an der Mosel geboren und entstammt einem alten Schmiedegeschlecht. Mit dreizehn Jahren trat er bei seinem Vater in die Lehre und erlernte in zweieinhalb Jahren das ehrbare Schmiedehandwerk. Noch nicht sechzehn Jahre alt, ging er auf Wanderschaft. Sein Weg führte ihn über Heidelberg, München, Salzburg, Wien, Preßburg, Budapest nach Neusatz im Banat. Mit allen möglichen Arbeiten, selbst mit Steineklopfen, hatte er sich bis dahin durchgeschlagen.

In Neusatz fand er Arbeit in einer großen Dampfmühle, und hier lernte er Maschinen reparieren. Schließlich landete er an der serbisch-bulgarischen Grenze beim Bahnbau, wurde schnell Vorarbeiter, doch erwischte ihn die Malaria bald so stark, daß er sich zur Heimkehr entschloß. Nach gut drei Jahren Abwesenheit langte er wieder in Winningen an. Dort kurierte er seine Malaria aus, und im Herbst 1888 begann er das Ingenieurstudium am Technikum Mittweida in Sachsen.

Leicht wurde es dem Volksschüler nicht, aber er schaffte es mit hartnäckigem Fleiß. Nach drei Jahren bestand er seine Ingenieurprüfung mit „Gut". Schnell fand er eine befriedigende Stellung in Rostock und wechselte später zur Neptunwerft, wo man bald seine ausgesprochen praktische Begabung erkannte und ihn zum Betriebsingenieur machte. Als es der Neptunwerft schlecht ging, wechselte er zu der Motorenfabrik Grob und Co. in Leipzig, und hier kam es zu seiner schicksalhaften Begegnung mit der Kraftfahrt.

An einem Sonntag des Jahres 1896 sah er sich die Vorführung eines Motorrades von Hildebrand und Wolfmüller an, und er war begeistert von dem sehr praktisch gebauten Fahrzeug.

Hildebrand hatte schon 1889 Versuche mit einem dampfgetriebenen Niederrad gemacht, die jedoch nicht befriedigten. 1892 baute er mit Wolfmüller und Geisenhof einen Zweitaktmotor und 1893 einen Viertaktmotor in sein Zweirad ein. Hildebrand und Wolfmüller ließen sich den Namen „Motorrad“ schützen, und sie wurden zum Ausgangspunkt der internationalen Motorradindustrie.

Nun, unser Freund Horch brannte lichterloh, als er das Motorrad sah. Er beschaute es von allen Seiten, von unten und von oben, ging schließlich zu den vorführenden Herren und erfuhr, in Stuttgart baue Daimler Motorwagen, und Firma Benz und Co. in Mannheim baue sie auch.

Sehr nachdenklich ging er dann nach Hause, setzte sich stracks hin und schrieb an Benz und Co. in Mannheim eine Bewerbung. Wenige Tage später schon brachte der Telegrafenbote die kurze Mitteilung, daß er für den Wagenbaubetrieb der Firma Benz und Co. eingestellt sei.

So lernte Horch das Tempo von Julius Ganss kennen, bevor er ihn selber kannte. Wie er dann in Mannheim anfing, das muß er unbedingt selbst erzählen:

„Als ich mich bei Herrn Benz meldete, teilte er mir mit, ich sei zunächst Assistent vom Betriebsleiter im Motorenbau. Ich wurde dem Betriebsleiter vorgestellt und empfing von ihm meine ersten Anweisungen.

Die Firma Benz und Co., sie war damals wahrhaftig nicht groß. Sie lag an der Waldhofstraße in der Neckarvorstadt. Da war zunächst ein kleines Bürogebäude, unten waren vier Zimmer, und oben wohnte Herr Benz mit seiner Familie. Hinter diesem Haus waren die Räume, in denen die Automobile gebaut wurden. Im Erdgeschoß stellte man die Motoren her, und im ersten Stock waren die Werkzeugmaschinen aufgestellt. In einem anderen kleinen Gebäude wurden die kleinen Velo-Wagen montiert. Links im Gelände, abgetrennt, war noch Platz für den stationären Gasmotorenbau. Dieser Gasmotorenbau war aber schon ziemlich bedeutend. Es waren, als ich hinkam, im Wagenbau ungefähr 70 Mann beschäftigt, und es wurden schon ziemlich viel Velos gebaut.

Warten Sie, bis Sie gerufen werden!

Schon am ersten Tag passierte mir etwas Eigenartiges. In der Mittagsstunde fiel mir ein, daß ich mir doch einmal den Betrieb im Motorwagenbau ansehen könne. Ich ging an das Tor, drückte auf den Griff, und siehe da, es war verschlossen. Ich klopfte, die Tür ging etwas auf, und im Spalt erschien das mißtrauische Gesicht von Meister Spittler. Was ich wolle!

‚Schließen Sie hier denn immer ab?' fragte ich erstaunt.

‚Freilich!'

‚Kann ich mir den Betrieb einmal ansehen?'

Meister Spittler musterte mich wie einen Einbrecher. Dann zog er mißbilligend die Augenbrauen hoch und sagte kurz, erst müsse Herr Benz seine Erlaubnis dazu geben.

Ich war vollkommen verdutzt. ‚Aber hören Sie doch, Herr Spittler ... ich bin doch hier in der Firma angestellt! Und vielleicht bin ich über kurz oder lang ... sogar Ihr Vorgesetzter!' Ich sah, wie es in Meister Spittlers Gesicht zu wühlen begann, anscheinend war er dieser Lage doch nicht ganz gewachsen.

Schließlich, nach einiger Überlegung, rang er sich zu einem schweren Entschluß durch. ‚Also komme Sie 'rein', knurrte er, ‚aber weiter geht mich die Sach nichts an. Die Folge müsse Sie allein auf sich nehme.'

Ich habe Herrn Spittler das fest versprochen und durfte jetzt eintreten. Und dann ging ich durch die Stätten des

Motorwagenbaues innerlich und äußerlich beinahe auf Zehenspitzen. Dazu kam, daß ich zum erstenmal eine Anlage sehen durfte, in der die höchsten technischen Träume für mich verwirklicht wurden.

Trotz seiner Großzügigkeit, mit der er mich eingelassen hatte, ließ mich Meister Spittler nicht aus den Augen und nicht von seiner Seite. Aber es dauerte nicht lange, da tauchte, veranlaßt durch meine wahrscheinlich sehr ehrfürchtigen Fragen, ein Schimmer des Vertrauens in seinem verschlossenen Gesicht auf. Er begann lebhafter zu werden und zeigte mir den Motoren- und Getriebebau. Ich konnte sehen, wie die Aggregate in die Wagen eingebaut wurden, und ich erkannte bald, daß die Firma Benz alles, was sie brauchte, selber herstellte. Von den Arbeitern, die ich hier am Werke sah, erhielt ich einen geradezu großartigen Eindruck. Sie bildeten eine Auslese dessen, was ich bisher an Spezialarbeitern erlebt hatte; es waren lauter außerordentlich intelligente Leute.

Über eine Stunde wanderte ich umher, und je länger ich verweilte, je genauer ich erkannte, was hier im Werden war, desto stolzer wurde ich auf meine neue Firma, und desto zuversichtlicher war ich. Es erschien mir nicht im geringsten mehr zweifehaft, daß ich gerade hier, in diesen geheimnisvollen und vor aller Welt verschlossenen Werkstätten mitarbeiten würde. Ich reckte mich unwillkürlich um sämtliche Zentimeter, deren ich fähig war, in die Höhe.

Und als das Tor sich wieder hinter mir schloß, ging ich hochaufgerichtet und angefüllt von Ehrgeiz, Energie und Zukunftsfreude weiter ... und prallte auf Papa Benz.

‚Wo komme Sie denn her? Was habe Sie denn da drinne gemacht?'

‚Ich habe mir den Betrieb angesehen, schließlich ...'

‚Was schließlich!' fuhr mir Papa Benz über den Mund. ‚Schließlich habe Sie sich da drinne gar nix anzusehe! Lasse Sie das gefälligst in Zukunft sei und warte Sie ab, bis Sie dazu gerufe werde!'

Ich habe mir diesen Anpfiff gemerkt. Niemals mehr bin ich in den Wagenbau gegangen. Und wenn einmal ein Wagen im Hof stand, bin ich, ohne überhaupt hinzusehen, an ihm vorbeistolziert, als wäre er aus Luft. Das dauerte ungefähr vier Monate. Während dieser Zeit lernte ich den sehr fortschrittlichen Gasmotorbau bei Benz gründlich kennen.

Wie Carl Benz überlistet wurde

Eines Tages wurde ich ins Chefbüro gerufen. Dort saßen Herr Benz und seine beiden Teilhaber, die Herren Ganss und von Fischer. Papa Benz sah mich ruhig an, dann sagte er kurz: ‚So ... von morge ab übernehme Sie den Betrieb von dem Motorwagenbau!'

Ich muß gestehen, daß ich etwas erstaunt war.

‚Herr Benz ... das ist ja heiter! Jetzt soll ich auf einmal den Betrieb übernehmen und habe keine Ahnung davon! Sie selber haben mir verboten, den Betrieb überhaupt anzusehen, und ich habe mich auch nicht mehr darum gekümmert. Ich habe im Gegenteil alles vermieden, um auch nur eine Kleinigkeit vom Wagenbau zu lernen ... das ist ja heiter ...'

Papa Benz fuhr auf: ‚Was soll denn da heiter sein, möcht' ich wisse! Ich habe Sie die ganze Zeit beobachtet, Herr Horch! Und ich bin der Meinung, daß Sie den Betrieb übernehme werde! Und wenn Sie meine, Sie verstehe noch nicht genug davon, dann bin ich noch da, um Sie zu instruiere!' —"

Vom Schnellfahren hielt Papa Benz nicht viel. So erzählt August Horch, daß sich bei der Fortentwicklung des kleinen „Velo" zum später vielverlangten „Comfortable" die betrübliche Tatsache ergab, daß der Wagen schwerer war und infolgedessen schon kleine Steigungen nicht mehr nehmen konnte.

„Das ließ mir einfach keine Ruhe mehr", schreibt Horch, „und eines Tages marschierte ich zu Papa Benz ins Büro und sagte, daß ich den Versuch durchführen möchte, dem Motor eine höhere Kompression zu geben.

Papa Benz musterte mich mißtrauisch und sagte: ‚Was wolle Sie damit erreiche?'

‚Der Motor bekommt eine größere Leistung und damit unsere Wagen eine höhere Geschwindigkeit.'

Papa Benz: ‚Sie brauche nicht schneller zu fahre! Es kann Ihne nur passiere, daß Ihne Ihre Wageteile ins Gesicht fliege. Die halte das nicht aus!'

Es gab eine lange Unterhaltung, und ich bot alles auf, ihn zu überzeugen, aber er weigerte sich strikt.

Ich ließ mir die Sache, von der ich unter keinen Umständen abgehen wollte, weiter durch den Kopf gehen, und an einem der folgenden Tage wanderte ich zu Herrn Ganss. Ich erzählte ihm die Unterredung mit Herrn Benz und schilderte ihm mein Vorhaben.

Herr Julius Ganss war ebenso fortschrittlich eingestellt wie energisch und sagte sofort: ‚Herr Horch, Sie machen den Versuch! Wenn der Motor es aushält, können wir immer noch mit Herrn Benz sprechen.'

Gleich ging ich an die Arbeit. Die Änderungen, die am Motor vorgenommen werden mußten, waren sehr einfach, und der Monteur Krapff und ich hatten die Sache in kurzer Zeit auf die Beine gestellt. Und siehe da: Der Motor hielt es aus, leistete beinahe eine Pferdekraft mehr als zuvor.

Nun sagten wir es Papa Benz. Er war zunächst sehr ungehalten, daß man sein Verbot umgangen hatte, stand aber nun vor einer fertigen Tatsache, an der er nichts mehr ändern konnte. Der veränderte und verbesserte Motor wurde in unser Modell ‚Comfortable' eingebaut, und der Wagen lief nunmehr 9 Kilometer schneller als zuvor.

Seine erste Probefahrt mit dem veränderten Motor machte der damalige Schlosser Hieronymus in der Neckarvorstadt auf einer Straße, durch die eine Kleinbahn fuhr. Sie hatte keine allzugroße Geschwindigkeit, aber sie lief immerhin schneller als unsere Automobile, die damals nur

18 Kilometer in der Stunde schafften. Jetzt aber kam auf einmal der Hieronymus mit seinem verbesserten ‚Comfortable' daher und ‚brauste' die Straße entlang und überholte zum grenzenlosen Erstaunen des Lokomotivführers, sämtlicher Fahrgäste und aller Schaffner den Zug ohne jede Mühe. Es gab ein unbeschreibliches Hallo. Dem Hieronymus machte das großen Spaß, und da er ohnehin zu jedem Witz aufgelegt war, ließ er die Kleinbahn vorausfahren, ‚brauste' wieder hinterher, überholte sie unter dem frenetischen Beifallsgebrüll des ganzen Zuges, und dieses Spielchen machte er noch einige Male.

An einem der nächsten Tage aber kam ein feierliches Schreiben der Bahnverwaltung, darinnen das gemessene Verbot stand, künftighin in derselben Straße mit der Kleinbahn zu fahren. Solange die Wagen der Firma Benz, schrieb die Bahnverwaltung entrüstet, nicht so schnell gewesen wären, sei noch alles gutgegangen, jetzt aber müsse man mit den schwersten Unglücksfällen rechnen ...

Die Fabrik muß vergrößert werden

Eines Morgens in aller Frühe war ich gerade bei Papa Benz in seinem Büro, da geht die Tür auf, der Herr Ganss kommt hereinspaziert und sagt in seiner hastigen, die Worte überstürzenden Art: ‚Guten Morgen, ich habe zweihundert Wagen verkauft!'

Papa Benz runzelte die Stirn, tat, als ob Herr Ganss überhaupt nicht da sei, sah zu mir herüber und fragte: ‚Was hat der Herr Ganss gesagt?'

Ich erwiderte: ‚Wenn ich mich nicht verhört habe, hat er ‚Guten Morgen' gesagt, und er hätte zweihundert Wagen verkauft.'

Jetzt stand Papa Benz auf, ging um seinen Schreibtisch herum auf Herrn Ganss zu, baute sich vor ihm auf und fragte streng: ‚Sie habe zweihundert Wage verkauft?'

‚Ja, das habe ich.'

‚An wen?'

‚Paris.‘

‚Wo wolle Sie denn die zweihundert Wage baue?‘

‚Hier in Mannheim.‘

Daraufhin ging Papa Benz wieder hinter seinen Schreibtisch, ließ sich nieder, und jetzt begann eine lange Debatte. Sie konnte nach Lage der Dinge nur mit einem einzigen Entschluß endigen: die Fabrik sofort zu vergrößern.

Eine Stunde nach dieser Unterredung traf ich Papa Benz im Hof unten. Er knurrte: ‚Was sage Sie zu Ganss?‘

‚Ja, was soll ich dazu sagen, Herr Benz? Ich finde es großartig!‘

Papa Benz sah mich von der Seite an: ‚So, großartig finde Sie das? Und unser Renommee in Frankreich? Sie könne sich darauf verlasse, unser ganzes Renommee wird in Frankreich verdorbe! Da laufe dann Benz-Wage, die iberhaupt noch nicht auf der Höh sind!‘

‚Herr Benz‘, sagte ich, ‚unsere Wagen werden von Tag zu Tag besser. Deswegen geben wir uns alle die erdenklichste Mühe, darauf können Sie sich verlassen!‘

Und es ging mit Hochdruck an die Arbeit. Die Pläne zur Vergrößerung der Fabrik wurden schleunigst ausgearbeitet.

Es mochten etwa vierzehn Tage vergangen sein, da geht eines Morgens in aller Frühe die Tür im Büro von Papa Benz auf, der Herr Julius Ganss kommt hereinspaziert und sagt: ‚Guten Morgen, zweihundert Wagen verkauft.‘

Diesmal sprang Papa Benz empört hinter seinem Schreibtisch auf und rief: ‚Höre Sie mal, Herr Ganss, Sie könne einem aber doch die Ruh nehme!‘

Herr Ganss hatte aber keinen Scherz gemacht, er hatte wirklich wieder zweihundert Wagen verkauft, diesmal nach England. Jetzt wurden die Pläne zur Erweiterung der Fabrik im Höllentempo fertiggestellt und sofort mit dem Neubau begonnen. Nach ziemlich kurzer Zeit entstanden neue Gebäude, in denen 200 bis 300 Angestellte arbeiten konnten.“ —

Schon 1898 verkaufte Benz den eintausendsten Wagen. Im folgenden Jahr überflügelte Benz mit 572 Stück erstmalig die französische Automobilfirma Panhard und Levassor. Benz war jetzt die größte und leistungsfähigste Automobilfirma der Welt.

Was hatte Carl Benz inzwischen für das Nutzfahrzeug getan?

Die ersten Benz-Lieferwagen

Schon 1895 befaßte er sich mit dem Bau von Lastwagen, fand aber wenig Zuspruch. Er erzählte später: „Ich sah mich allenthalben um, ob wohl für ein Lastauto Interesse vorhanden sei; man zuckte jedoch die Achseln und schwieg. Da wollte ich durch die Praxis beweisen, daß solch ein Fahrzeug große Vorteile biete. Ich baute einen Lastwagen und übernahm das Ausfahren von Hafer von der Bahn oder einem Magazin, ich weiß nicht mehr genau, an einen Grossisten; es sollte eine Überraschung geben. Das Frachtgut wurde aufgeladen, Fritz Held setzte sich ans Steuer und fuhr stolz zum Empfänger. Der aber machte ein langes Gesicht und sagte zum verdutzten Lenker: ‚Laßt die Dummheiten, ich will nix mit dem Wagen gefahren hawe, die Kutscher kaafe mir sonsch kee Hawer mehr ab.' Da habe ich den Lastwagen schweren Herzens wieder abgebaut."

Statt dessen lieferte er im folgenden Jahre seinen ersten Lieferwagen an das bekannte Pariser Warenhaus Du bon Marché. — Da diese Lieferwagen einem wirklichen Bedürfnis entsprachen und gleichzeitig eine gute Reklame für die betreffenden Geschäfte darstellten, führten sie sich gut ein. Benz entwickelte drei Typen: 1 1/4-Tonner mit 6 PS-Motor, 2 1/2-Tonner mit 10 PS-Motor, beide 15 Stundenkilometer, ferner 5-Tonner mit 14 PS-Motoren und 10 km/Std.

Es waren grundsolide Wagen, die so recht der Einstellung ihres Schöpfers entsprachen: Sicher, robust und langsam; eben echte Benz-Wagen.

Während zwei sich streiten, freut sich der dritte

Krach und Erfolg für Daimler

Wilhelm Maybach war gehobener Stimmung von der Pariser Weltausstellung zurückgekehrt, denn der Daimler-Erfolg war ja zum großen Teil die wohlverdiente Anerkennung seiner eigenen Arbeit. Vor allem der Stahlradwagen hatte die Beachtung und Bewunderung aller Techniker gefunden. Maybach spann daher rosenrote Träume von einer Groß-Serienfertigung seiner liebsten Schöpfung.

Da traf ihn wie ein eiskalter Guß die Entscheidung Daimlers: Statt des Stahlradwagens solle in Zukunft wieder die Motorkutsche gefertigt werden. Maybach fiel nun aus allen Himmeln und kämpfte erbittert um das Auto, wie er es sich vorstellte. Mit unendlicher Mühe erreichte er schließlich die Zustimmung, doch in einem blieb Daimler unbeugsam: Rückkehr zum Riemenantrieb! Das Zahnradgetriebe mußte verschwinden.

Maybach verstand diese Fehlentscheidung seines Chefs nicht. Überhaupt war mit Daimler jetzt schwer umzugehen. Das mochte vielleicht persönliche Gründe haben: Seine Frau war gestorben, und sein Herzleiden hatte sich verschlimmert, aufregende Prozesse bedrängten ihn, und vor allem fehlte es an Geld.

Um zu retten, was zu retten war, schaute er sich nach Geldgebern um. Kommerzienrat Duttenhofer, der einflußreiche Generaldirektor der Köln-Rottweiler Pulverfabrik, erwärmte sich für das Geschäft, und am 14. März 1890 wurde die „Daimler-Motoren-Gesellschaft" gegründet. Über den Vertrag kam es bald zu schweren Meinungsverschiedenheiten. Auch Maybach, den Daimler jetzt unterrichtete, war sehr erbost. Es war vorgesehen, daß er Technischer Direktor der Gesellschaft werden solle, doch bot man ihm einen Vertrag an, der einfach unannehmbar war. Maybach lehnte die Unterschrift ab und schied dadurch am 11. Februar 1891 aus.

In Frankreich begeistern Daimler-Automobile

Duttenhofer sah es als seine Aufgabe an, die neue Gesellschaft rentabel zu gestalten. Stationäre Bootsmotoren brachten Geld, also wurden sie forciert; Autos waren riskant, also wurden sie nur gelegentlich hergestellt. Daimler-Automobile schienen am Absterben zu sein — in Deutschland, nicht aber in Frankreich!

Dort hatte Levassor schon vorher stationäre Daimler-Motoren in Lizenz gebaut, jetzt machte er sich an Maybachs Stahlradwagen heran, der ihn auf der Weltausstellung so begeistert hatte.

Sein erster Wagen lief 1890 allerdings hundsmiserabel. Er stotterte nur so dahin und blieb dauernd stecken. Die spottlustigen Pariser nannten ihn „Pannen-Levassor". Er lachte mit und bastelte unentwegt an seinem Wagen weiter. Endlich, im Mai 1891, gelang ihm eine pausenlose 10-Kilometer-Fahrt, und das war Grund genug zu einer rauschenden Siegesfeier. Jetzt ging es geschwind aufwärts, und Levassors Wagen wurden bald im ganzen Lande zu einem Begriff!

Zu jener Zeit bauten in Frankreich verschiedene Firmen Dampfkraftwagen. Dadurch war der „Wagen ohne Pferde" beim Volke bekannt. Als nun der Benzinmotor von Deutschland herüberkam, erkannte auch Peugeot, der bisher Fahrräder und Dampfwagen gebaut hatte, die mögliche Fortentwicklung des Kraftwagens, und er erwarb von Madame Sarazin Daimler-Lizenzen.

Peugeot ließ 1891 einen Kraftwagen mit Daimler-Motor beim Fahrradrennen Paris-Brest-Paris mitlaufen. Die Bewältigung der 1200 Kilometer langen Strecke war eine Bewährungsprobe, die Wagen und Motor bestanden. Schneller waren freilich die Radfahrer. Mühelos überholten sie den Peugeot mit seinen 15 km/Std.

Solche Radrennen waren in Frankreich ungeheuer volkstümlich. Was mußte das für ein Schauspiel geben, wenn sich solche zischenden Dampfungetüme und die stinkenden Benzinwagen gegenseitig den Rang streitig machten! Aus solcher Freude der Franzosen an aufregenden Ereignissen entstand der erste Automobil-Wettbewerb von 1894, dem dann fast jedes Jahr bedeutsame Wettfahrten folgten. Es entstanden die Auto-Rennen, die damals unendlich großen Einfluß auf die Fortentwicklung der Kraftfahrzeuge hatten und vor allem das Automobil volkstümlich machten.

Wer wird das erste Auto-Rennen der Welt veranstalten?

Giffard, der Herausgeber des „Le petit Journal" und zugleich begeisterter Sportfex, hat die erste Prüfungsfahrt für Kraftfahrzeuge ausgeschrieben. Als Rennstrecke ist Paris — Rouen festgelegt, ganze 126 km Landstraße.

Überraschend groß war das Melde-Ergebnis: Mehr als 100 Fahrzeuge! Wagen aller Arten und Systeme, doch überwiegend Dampfwagen, daneben einige Elektromobile, Gas- und Preßluftwagen, auch einige Benzinwagen. Vier Vorprüfungen werden veranstaltet, und die Sachverständigen haben eine schwere Arbeit.

Die Fahrzeuge starten am frühen Morgen des 22. Juli 1894 bei der „Porte Maillot". Natürlich ist ganz Paris dabei auf den Beinen. Der Start der zischenden, spuckenden, rauchenden und stinkenden Wagen, die nacheinander auf die Strecke geschickt werden, wobei sie fast alle bocken, ist eine gar aufregende Sache. Endlich ist der letzte Wagen in einer Staubwolke verschwunden, die winkenden Taschentücher verschwinden ebenfalls, und die Aufregung in Paris legt sich.

Am Zielort Rouen steigt dagegen das Fieber der Erwartung allmählich auf den Siedepunkt. Hier haben sich neben unzähligen Sportbegeisterten die Angehörigen der „Rennfahrer“ eingefunden und die Fabrikanten der Wagen. Wer wird das Rennen machen, wer wird als Erster eintreffen? ist hier der einzige Gesprächsstoff.

Endlich taucht in der Ferne eine riesige Staubwolke auf. Noch ist nichts weiter zu erkennen, doch mit „rasender“ Geschwindigkeit, sicher mehr als 20 Stundenkilometer, naht die Wolke mit dem Wagen. Jetzt sieht man weißen Dampf aufsteigen, hört den Auspufflärm: Der riesige Bolleé-Dampfschlepper keucht heran, wird jubelnd empfangen. Schon aber wird die Aufmerksamkeit auf eine neue Wolke mit Wagen gelenkt. Jetzt ist diese heran: der Panhard-Levassor mit Daimler-Benzinmotor. Noch hat sich die Aufregung nicht gelegt, da „braust“ schon wieder einer heran. Wer ist es? Der Peugeot mit Daimler-Benzinmotor!

Die Deutschen erfinden, die Franzosen verkaufen

Obwohl der mammutartige Dampfschlepper mit 21 Stundenkilometern die höchste Geschwindigkeit erreicht hat, sind doch im Sinne der Ausschreibung die beiden Benzin-Autos mit Daimler-Motoren unbestrittene Sieger; sie teilen sich in die ausgeschriebenen 5000 Franken. Gottlieb Daimler, der zusammen mit den Levassors den Triumph seiner Motoren am Ziel erlebt, strahlt voller Zufriedenheit, und er hat allen Grund dazu. Seine Motoren haben einen großen Sieg errungen, und seine französischen Freunde überschlagen sich fast vor Begeisterung.

Dieser Daimler-Sieg war darüber hinaus ein Sieg des Benzins. Zahlreiche französische Fabriken gingen nun vom Dampf- zum Benzinwagen über oder nahmen von vornherein die Benzinwagen-Fertigung auf. Das Auto wurde in Frankreich volkstümlich, und die französische Autoindustrie erlebte einen fabelhaften Aufstieg. Glanzvolle Namen treten auf; an der Spitze Panhard-Levassor und

Peugeot, dann Dion-Bouton, Bolleé Darracq, Guedon, de Dietrich, Delahaye, Renault und Mors.

Auch Deutschland hatte Nutzen davon. Obwohl die Deutschen sich selbst nur langsam mit dem Auto befreundeten, vermochte Benz durch seinen Auto-Export sogar Frankreichs größte Autofabrik zu überflügeln.

Was aber war mit Daimler?

Als er von diesem erfolgreichen Rennen nach Cannstatt zurückkehrte, kam es zu dem schon lange in der Luft liegenden Krach, und Daimler schied grollend aus der Daimler-Motoren-Gesellschaft aus!

Als Duttenhofer die kostspielige Motorwagen-Entwicklung bremste, beschäftigte Daimler privat den aus der Firma herausgedrängten Wilhelm Maybach mit solchen Entwicklungsarbeiten, zunächst in dessen Wohnung, später in dem zu Versuchszwecken eingerichteten Gartensaal des Hotels Hermann.

Hier entstanden wertvolle Verbesserungen des Motorwagens, vor allem der Spritzdüsenvergaser. Mit ihm war es möglich, einen sehr regelmäßigen Gang des Motors bei allen Belastungen und Drehzahlen zu erreichen, höhere Motorleistungen bei verringertem Brennstoffverbrauch zu erzielen und auch Brennstoffe von großer Verschiedenheit im Siedepunkt der einzelnen Bestandteile zu verarbeiten; außerdem war dieser neue Vergaser viel kleiner als der bisher verwandte Oberflächenvergaser. Er stellte einen gewaltigen Fortschritt dar. Nicht minder war das mit Maybachs neuem Motor der Fall, den Levassor begeistert „Phönix" taufte und als wahren Verkaufsschlager herausbrachte.

Kurioserweise hatte überhaupt Frankreichs Industrie den Nutzen von Maybachs Erfindungen und Konstruktionen, nicht die deutsche, denn Daimlers Lizenzabkommen machte den Franzosen automatisch alle Fortschritte zugänglich. So ist die sprunghafte Entwicklung der französischen Autoindustrie im letzten Jahrzehnt des 19. Jahrhunderts zu einem guten Teil auf Maybachs Konstruktionen aufgebaut.

In Frankreich folgte dem ersten Auto-Rennen von 1894 im folgenden Jahr schon eine Wettfahrt über 1192 Kilometer auf der Strecke Paris — Bordeaux — Paris. Begeistert gefeierter Sieger war Levassor mit seinem Panhard-Levassor-Zweisitzer, natürlich mit Daimler-Lizenzmotor. Er fuhr einen für diese lange Strecke und die damaligen Verhältnisse fast unglaublichen Durchschnitt: 24,4 km/Std.

Das erste 48-Stunden-Rennen

Das war eine ganz große Leistung sowohl des Wagens als auch des Fahrers, der während der 48stündigen Fahrt allein das Steuer führte und so in zwei Nächten keinen Schlaf bekam. Levassor erzählte darüber:

„Während der zweiten Nacht hat mich das Schlafbedürfnis wohl ein wenig belästigt, aber ich verjagte es singend oder mit dem Wagen sprechend: ‚Vorwärts, noch ist eine Anhöhe zu ersteigen — nur nicht langsam werden, dann wird alles gut.' Auf diese Weise hielt ich mich wach. Ich hatte jedoch einige Halluzinationen, die von dem Lichtspiegel meiner Scheinwerfer in den Bäumen oder auf dem Erdboden hervorgerufen wurden. Meine Scheinwerfer konnten der Erschütterung einer so schnellen Fahrt nicht standhalten und lösten sich los; ich habe einen von ihnen meinem Begleiter zum Halten geben müssen. Dieser Mangel an Licht ist eine der Ursachen, die meine Rückkehr am meisten verzögert haben. Übrigens bin ich stets sehr vorsichtig gefahren und habe selbst bergab kaum achtunddreißig Kilometer in der Stunde zurückgelegt. Meine Bremsen sind in ausgezeichnetem Zustand, ebenso auch die Gummireifen der Räder. In Bordeaux habe ich ungefähr zwanzig Minuten verloren, um mich ein wenig zu waschen. Ich bin begeistert von meinem Rennen und fühle einen gewissen Stolz, den Radfahr-Rekord geschlagen zu haben."

Jetzt also hat es das Auto geschafft: es ist schneller als der Radfahrer! Das ist für das sportbegeisterte Frankreich ein unerhörtes Ereignis. Die Freunde des Geschwindseins horchen auf; der Auto-Sport wird geboren.

Diese Fernfahrt war wieder ein voller Daimler-Erfolg. Dem Sieger Levassor folgten 3 Peugeots mit Daimler-Lizenzmotor, dann kam ein Benz, und ihm schlossen sich wieder 2 Panhards mit Daimler-Lizenzmotoren an. Ein gleicher Wagen siegte bei der ersten italienischen Autofernfahrt Turin — Asti — Turin.

In Stuttgart horchte man bei diesen Erfolgen der Daimler-Motoren auf. Duttenhofer und die maßgebenden Leute der Daimler-Motoren-Gesellschaft erkannten, daß sich der Motorwagen durchsetzte. Über kurz oder lang mußte der in Frankreich aufblühende Automobilismus nach Deutschland ausstrahlen. Wollte man den Anschluß nicht verpassen, mußte jetzt der Motorwagenbau großzügig ausgebaut werden. Man wußte, daß der Name Daimler für die Autointeressenten ein Magnet sein würde. Dieser Magnet aber mußte seine Zugkraft verlieren, wenn nicht die Männer dahinterstanden, die diesen Namen zu einem Begriff gemacht hatten: Daimler und Maybach.

So wurden Verhandlungen eingeleitet. Zuerst mit Maybach allein. Der erklärte: Gern, aber nur mit Daimler!

Das machte Schwierigkeiten, denn zwischen Daimler und der Daimler-Motoren-Gesellschaft war es inzwischen zu Prozessen gekommen, die zu einer tiefgreifenden Verfeindung führten. Daimler war verbittert, Duttenhofer und sein Anhang schwer verärgert. Maybachs Vermittlung brachte eine langsame Annäherung zustande. Den Ausschlag gab endlich der englische Finanzmann Simms. Er war Feuer und Flamme für den Daimler-Phönix-Motor und wollte die englischen Daimler-Patente kaufen, um in England eine Daimler-Gesellschaft zu gründen. 350000 Mark wollte er dafür zahlen, aber seine Bedingung war: Aussöhnung der beiden feindlichen Parteien!

Das zog. Am 4. November 1895 wurde die Daimler-Maybachsche Versuchswerkstatt im Hotel Hermann mit der Daimler-Motoren-Gesellschaft unter deren Namen vereinigt. Daimler wurde Generalinspektor, Maybach Technischer Direktor.

Für Maybach begann jetzt eine Zeit freudiger und hingebungsvoller Arbeit. Ein umfangreiches Fertigungsprogramm wurde aufgestellt, und er hatte alle Hände voll zu tun, um die zahlreichen neuen Konstruktionen zu schaffen.

Ein gutes Gespann: Daimler und Maybach

Eine der wichtigsten Neuerungen war die Verlegung des Motors von hinten nach vorn. „Du, Wilhelm, i glaub', mer machet das Gäule vorne nei", hatte Daimler eines Tages zu Maybach gesagt, und der war mit Feuereifer darauf eingegangen. Weil er nun schon beim Umgestalten war, warf er den verhaßten Riemenantrieb hinaus und ging wieder zum Zahnradantrieb über, was sein Herr und Meister jetzt stillschweigend duldete.

Freilich konnte von einer Serienanfertigung zunächst keine Rede sein; denn jeder Käufer eines Automobils wollte damals einen Wagen nach seinen Wünschen, gewissermaßen „nach Maß" haben. Wollte man die immer noch wenigen Autofahrer nicht vergrämen, mußte man ihren Wünschen nachgeben. Das brachte eine ungeheure Arbeit mit sich.

Daß damals zum Autofahren ein gewisser Mut gehörte, geht recht deutlich aus einer Schilderung des damaligen Monteurs und späteren Betriebsleiters Salzer hervor. Dieser fuhr eines Tages den Direktor Maybach zum Kommerzienrat Duttenhofer nach Rottweil. Er berichtete von dieser Überlandfahrt:

„Also fuhren wir los mit dem Monstrum, das maximal 25 km lief, noch keine Achsschenkel, aber Riemenantrieb und Vollgummiräder besaß. Ohne größere Scherereien erreichten wir Tübingen. Aber von da an war dicke Luft.

Das Viehzeug scheute, von den Heu- und Erntewagen herab regnete es manches böse Wort und sogar Peitschenhiebe, daß ich einen Schwur tat, nicht mehr ohne Peitsche wegzufahren. Bei Horb fing zum Überfluß noch das nicht ungefährliche Steinewerfen der Jugend an, das sie in dieser Gegend als Sport zu betreiben schien. ‚Das fehlt mir gerade noch', sagte der Chef, ‚den nächsten besten, der wieder nach uns wirft, den verhaue ich persönlich.'

Kaum gesagt, kam schon wieder ein Stein geflogen, der Maybachs halbhohem Zylinder galt. ‚Halt!' schrie er, und schon war er mit einem Satz von dem Wagen herunter und dem Attentäter nach, den er am Eingang einer Scheune einholte. Aufheulend empfing er eine gewaltige Ohrfeige und noch einen Tritt gegen den Hintern.

‚So, der wirft uns so schnell nicht wieder', meinte der Herr Direktor, ‚aber es ist ein Jammer, daß statt der Eltern und Lehrer wir Autofahrer die Kinder erziehen müssen.'"

Ein leichter Daimler-Vierzylinder-Motor entstand 1898 und ein sechspferdiger Rennwagen. Dabei stand Maybach wieder im Gegensatz zu Daimler, der genau so wie Papa Benz keine großen Geschwindigkeiten liebte. „Zu was brauche mer sechs Pferd, wenn's doch mit viere scho so schnell goht?" meinte er unwirsch.

Daimler und Benz wollten gute Reisewagen bauen, zuverlässig, aber nicht besonders schnell. Sie übersahen, daß aus der Freude am Geschwindsein inzwischen die Jagd nach dem Rekord geworden war, daß um die Jahrhundertwende das Tempo der Zeit das Auto in eine ungebändigte Entwicklung hineindrängte, die in gewaltigen Sprüngen die Geschwindigkeiten steigerte.

Die Daimler-Motoren-Gesellschaft unter Maybachs technischer Leitung machte diese Entwicklung gut mit. Die Folge war, daß sie sich sprunghaft aufwärts entwickelte und ihren Umsatz von Jahr zu Jahr verdoppelte. Gottlieb Daimler sah diese Entwicklung mit innerem Widerstreben; sie war ihm zuwider, doch konnte er kaum noch als Hemmschuh wirksam werden. Sein Herzleiden verschlimmerte sich mehr und mehr; am 6. März 1900 starb er.

Es war nicht alles gut gewesen, was er mit seinem schwäbischen Dickkopf durchzusetzen versuchte und zumeist auch durchsetzte, doch ohne seine machtvolle Persönlichkeit können wir uns die Kinderjahre des Automobils nicht denken. Wohl waren seine letzten Lebensjahre reich an Ärger und Verdruß, doch blieb es ihm durch den Tod erspart, verbittert zu erleben, daß ihm sein Lebenswerk völlig entglitt.

Bittere Erfinder-Schicksale

Das aber war das Schicksal von Carl Benz, unserem liebenswerten Papa Benz. Sein Einfluß in seinem Werk war stark genug, sich der von draußen kommenden Entwicklung mit Erfolg entgegenzustemmen. Hartnäckig hielt er an seinen bewährten Konstruktionen fest. Benz-Wagen galten als anerkannt zuverlässig, doch die Auto-Sportler wanderten zu den schnelleren Konkurrenzwagen ab. Die Anzahl der verkauften Benz-Wagen ging von Jahr zu Jahr annähernd auf die Hälfte zurück.

Es kam zu schweren Meinungsverschiedenheiten in der Werksleitung; das Werk selbst stand auf dem Spiel. Im

April 1903 zog sich Papa Benz grollend und verbittert von der aktiven Mitarbeit in seinem Werk zurück. Wenn er auch im folgenden Jahr in den Aufsichtsrat gewählt wurde, so hatte er doch keinen unmittelbaren Einfluß mehr auf die Entwicklung des Werkes, das er geschaffen hatte. Das wird ihn oft schwer verbittert haben, denn dieser tragische Zustand dauerte ein ganzes Vierteljahrhundert bis zu seinem Tode am 4. April 1929. —

Wir wollen noch einen kurzen Blick auf die Situation um die Jahrhundertwende werfen.

Fünfzehn Jahre war das Automobil erst alt, und schon war es dabei, eine Revolution des Verkehrs, ja der gesamten Technik in die Wege zu leiten. Aus der handwerklichen Herstellung einzelner Motorwagen war eine industrielle Serienfertigung geworden, die eine vollständige Umstellung der Werkstatt-Technik erforderte.

Vier Länder rangen im auslaufenden 19. Jahrhundert um die Vorherrschaft im Kraftfahrwesen: Deutschland, Frankreich, England und die Vereinigten Staaten von Nordamerika. Von Deutschland war die Entwicklung ausgegangen, von Deutz, Mannheim und Cannstatt. Frankreich verhalf den deutschen Konstruktionen zum Durchbruch, in Frankreich wurde der Automobilsport geboren. Frankreichs Autoindustrie lag an der Spitze.

Das war zum großen Teil das Verdienst Emile Levassors, obwohl er nur wenige Jahre der geliebten Kraftfahrt widmen konnte. Wir wissen, daß ihn Maybachs Stahlradwagen auf der Weltausstellung 1889 für das Auto gewann. Seine Wagen wurden sehr bald die besten Frankreichs, er selbst der beste Rennfahrer. Im Herbst 1896 erlitt er auf der Distanzfahrt Paris — Marseille — Paris einen Unfall. Bei 40 Kilometer Geschwindigkeit überfuhr er einen Hund, wurde aus dem Wagen geschleudert und flog sehr unglücklich gegen einen Baum. An den Folgen dieses Unfalles starb er am 14. April 1897. Mit Fug und Recht zählen wir ihn zu den Pionieren der Kraftfahrt.

In Deutschland war Daimler machtvoll im Kommen, während Benz seine Stellung als größtes Autowerk der Welt verlor. Zahlreiche Autofabriken entstanden: Stöwer, Dürkopp, Horch, Falk, Cudell, Fahrzeugwerke Eisenach, Opel und verschiedene andere, die keine Bedeutung erlangten.

Doch Opel und Dürkopp wollen wir uns etwas näher ansehen.

Zwei Fahrradkönige satteln um

In einem alten Kuhstall hatte Adam Opel 1862 begonnen, Nähmaschinen zu bauen. Gute Nähmaschinen, die bald glänzenden Absatz fanden. Seine fünf Buben waren fahrradtoll, und Opel-Fahrräder überflügelten bald die Opel-Nähmaschinen. Als Vater Adam 1895 starb, beschäftigte sein Werk an die tausend Arbeiter. Ein Rückschlag im Fahrradgeschäft legte den fünf Opel-Söhnen nahe, sich für den Motorwagenbau zu entscheiden.

Auf der ersten deutschen „Auto-Revue" 1897 in Berlin stellten drei Firmen aus: Daimler,Benz und der Dessauer Hofwagenbauer Lutzmann. Bei der anschließenden Prüfungsfahrt schnitt der bis dahin unbekannte Lutzmann-Wagen am besten ab. Opel erwarb die Fabrikationsrechte, aber die Sache klappte nicht. Was an Nähmaschinen und Fahrrädern verdient wurde, verschlang die kleine Motorwagen-Abteilung, und der Opel-Lutzmann wurde nichts Rechtes. Da lösten die Opels den Vertrag mit Lutzmann und erwarben eine Lizenz der französischen Darracq-Wagen. Sie folgten damit dem Vorgehen von Cudell und Adler, die Lizenzen der französischen Dion-Bouton-Wagen erworben hatten. Dieser Rücklauf französischer Lizenzen nach Deutschland ist der beste Beweis für die hervorragende Stellung, die Frankreichs Automobile inzwischen erworben hatten.

Eigene Konstruktionen entwickelte Nikolaus Dürkopp in Bielefeld, der ein wunderliches Beispiel dafür ist, daß man auch als Analphabet ein großer Industrieherr werden kann.

Seine Eltern waren schon früh gestorben, und er wuchs bei seiner Großmutter auf. Für den Schulbesuch hatte er wenig übrig, und die Großmutter legte offenbar auch keinen Wert darauf. So wuchs er ohne geregelte Schulbildung auf, was vor einem Jahrhundert auch in Deutschland noch möglich war. Obwohl er nur seinen Namen kritzeln, sonst aber weder lesen noch schreiben konnte, wurde er ein ausgezeichneter Schlosser.

Ihm wurde 1860 eine ausländische Nähmaschine zur Reparatur übergeben. Diese mechanische „Nähmamsell" beeindruckte ihn außerordentlich. Er tiftelte eine bessere Maschine aus und machte sich 1867 im kleinsten Rahmen selbständig. Seine Werkstatt wuchs sprunghaft, und 1885 nahm er die Fertigung von Fahrrädern auf. 1895 beschäftigte er fünftausend Menschen!

Noch immer aber konnte dieser kraftvolle Industriekapitän weder lesen noch schreiben. Galt es ein wichtiges Schriftstück zu unterzeichnen, dann ließ er es sich von drei Vertrauten nacheinander vorlesen. Nur wenn er dabei keinerlei Abweichungen feststellte, kritzelte er seinen Namen darunter.

Edle Pferde waren lange Zeit seine Liebhaberei. Bis zu dreißig enthielt manchmal sein Reitstall. Gern kutschierte er vierspännig, mal mit wunderschönen Schimmeln, dann mit feurigen Rappen. Den bald Sechzigjährigen zog das Automobil in seinen Bann. Als die Aktionäre den Automobilbau als zu unsicher ablehnten, gab er aus seiner eigenen Tasche über zwei Millionen Mark für Konstruktionen und Versuche aus. Rastlos erprobte er jede Neukonstruktion auf schwierigstem Gelände. Kein Wunder, daß Dürkopp-Wagen damals wegen ihrer Unverwüstlichkeit zu einem Begriff wurden. —

Die Entwicklung der Automobile in England und Amerika müssen wir uns gesondert anschauen.

Die deutsche Erfindung breitet sich aus

Das Auto erobert die Welt

Die englischen Eisenbahnindustriellen hatten 1865 durch das „Fahnengesetz“ die unbequeme Konkurrenz des dampfbetriebenen Straßenverkehrs radikal beseitigt. Da dieses Gesetz alle „mechanisch betriebenen Straßenfahrzeuge“ erfaßte, fiel auch das Auto unter die Vorschrift, daß die Höchstgeschwindigkeit 6½ Stundenkilometer nicht überschreiten dürfe und ein Mann mit einer roten Fahne und einer helltönenden Glocke dem Wagen vorausgehen müsse.

Wie es fortschrittlichen Engländern erging, die trotzdem aus Frankreich oder Deutschland einen Motorwagen mitbrachten, schildert köstlich Alexandra von Bosse in ihrem Bericht über „Onkel Jacks erstes Auto“ in der „Deutschen Allgemeinen Zeitung“ vom 9. Februar 1936. Ihr Onkel Jack in Southsea hatte sich einen 4-PS-Benz-Wagen zugelegt und startete mit ihm Ende 1895 nach heißem Bemühen zur ersten größeren Autofahrt. Er erzählte davon:

„Nun war alle Mühe und Plage, die wir unserer mangelnden Kenntnisse halber mit der Ingangsetzung des Wagens gehabt hatten, vergessen. Der Wagen lief, und wir fuhren aus dem Garten hinaus auf die Landstraße, an der wir wohnten und auf der wenig Verkehr war. Zuerst fuhren wir ganz langsam, allmählich aber ging es so schnell dahin, wie ein schnelltrabendes Pferd läuft. Es war wundervoll und unser Glück grenzenlos. Krampfhaft hielt ich das Steuerrad mit beiden Händen, denn die vier Pferdekräfte machten beständig Versuche, nach links oder rechts auszubrechen und den Wagen in den Graben zu werfen; ich mußte angestrengt aufpassen, um immer in der Mitte der Straße zu bleiben.

Wir fühlten uns überglücklich, daß uns unser erster Ausflug in dem kleinen Benzinwagen so gut geglückt war, aber auf der Rückfahrt sollten wir erfahren, daß die englische Polizei streng über die Sicherheit englischer Bürger wacht. In den kleinen Ortschaften, die wir vorher durchfuhren, hatte der Wagen, der ohne Pferde lief, gewaltiges Aufsehen und große Aufregung hervorgerufen. Aber kaum erreichten wir die ersten Häuser des Städtchens Farham, da trat uns ein riesiger Policeman mit gebietend erhobener Rechten entgegen und gebot Halt.

Der gewaltige Hüter des Gesetzes erklärte uns, daß wir die Gesetze des Landes verletzt hätten; denn ein englisches Gesetz schreibe vor, daß ein Wagen, der nicht von Tieren fortbewegt werde, auf offener Landstraße nur fahren dürfe, wenn ihm ein Mann mit roter Flagge vorausginge und beständig mit helltönender Glocke läute. Ich erwiderte, diese gesetzliche Vorschrift gelte nur für Dampflokomotiven, unser Wagen aber sei ein Automobil.

Das half aber gar nichts; von vielen Menschen umgeben, mußte ich im Schrittempo zum Rathaus fahren. Johlend lief die Schuljugend nebenher. Hier wurde mir vom Bürgermeister nochmals erklärt, daß wir die Gesetze des Landes verletzt hätten, darum Strafe zahlen müßten.

Ich behauptete dreist: ‚In Deutschland fahren solche Wagen zu Dutzenden auf allen Straßen, und kein Idiot verlangt dort, daß ein Mann mit einer roten Flagge und Glocke voranlaufe.'

‚Wir sind hier in England!' erwiderte sehr ernst der Bürgermeister.

Dagegen war nichts zu sagen. Ich erklärte mich also bereit, die Strafe zu zahlen, und bat höflich, mich nach

Hause fahren zu lassen. Der Magistrat trat zusammen und erwog, ob man mir das gestatten dürfe; schließlich wurde mir die Erlaubnis erteilt, aber nur unter der Bedingung, daß ein Mann mit roter Flagge und helltönender Glocke voranging.

Es lebe der Bürokratismus!

Der letzte Teil unserer Rückfahrt gestaltete sich zu einer Art Triumphfahrt. Denn viele Leute aus Farham begleiteten uns, dazu natürlich die gesamte Schuljugend, und in jeder Ortschaft, die wir durchfuhren, schlossen sich noch mehr an. Der Mann mit der roten Flagge, ein würdiger älterer Bahnbeamter, schritt, die Flagge wehend, voran. Er faßte seine Aufgabe sehr gewissenhaft auf und ging so langsam, als schritte er einem Leichenzug voran. Beständig läutete er mit der Glocke, was die Neugierigen aus der Umgebung herbeirief. Im Wagen thronte Kitty in hellem Herbstkleid, einen großen Spitzenhut auf dem Kopf, und ich, mit breitem Panamahut, hinter dem Steuer. Wiederholt mußte ich absteigen und wieder ankurbeln, denn der Motor vertrug das langsame Tempo nicht, das wir fahren mußten; immer wieder blieb der Wagen stehen.

Unser Empfang in Southsea, wo die gesamte Polizeimannschaft uns erwartete und die halbe Stadt zusammengelaufen war, war großartig. Mit Hallo und Hurra wurden wir begrüßt. Aber wir waren doch froh, als unser kleiner Benz endlich wieder in seinem Schuppen stand. Erst als sich andere Engländer ein Automobil anschafften, die mehr Einfluß hatten als ich, ging im Parlament ein Gesetz durch, das die rote Flagge und die Glocke, soweit Automobile in Betracht kamen, abschaffte und diesen eine Geschwindigkeit von zwölf Meilen (19,3 km) in der Stunde erlaubte." —

Wir sehen aus Onkel Jacks Erlebnis, daß es in England mit der Autofreundlichkeit der Behörden nicht besser stand als bei uns in Deutschland. Aber es war doch ein

Unterschied zwischen diesen beiden Ländern: In Deutschland waren die Behörden an sich autofeindlich, während in England die Beschränkung auf einem überlebten Gesetz beruhte. Als dieses Gesetz 1896 fiel, nahm die Motorisierung des Verkehrs und damit die englische Autoindustrie einen schnellen Aufschwung.

Der Finanzmann Simms hatte mittlerweile die Daimler-Patente erworben und gründete damit die „Daimler Motor Co Ltd" in Coventry. Königin Viktoria war Schutzherrin der ersten englischen Automobilausstellung, auf der alle bekannten Auto-Hersteller des Kontinents vertreten waren. Die englische Industrie warf sich begeistert auf die neue Fabrikation. Englands Königshaus kaufte sich einen englischen Daimler-Wagen, und bis heute fahren Englands Könige nur „Daimler".

Bis zur Jahrhundertwende entstanden eine ganze Anzahl englischer Auto-Marken: „Lanchester", „Sandringham", „Napier", „Wolseley" und „Sunbeam". In knapp fünf Jahren hatte die englische Autoindustrie den Anschluß gefunden: eine ganz hervorragende Leistung!

Ein zukünftiger Autokönig

„Nun mach schon, Henry! Der Vater wartet", drängte die Mutter. Wie zur Bestätigung knallte draußen ungeduldig eine Peitsche.

„Ja, ja, ich komme ja schon!" sagte der Junge, der bisher an seinen Schuhen herumtrödelte. Dabei schnappte er sich das Brot, welches die Mutter ihm zurechtgelegt hatte, rannte nach draußen und saß — wuppdich! —neben dem Vater auf dem Wagen. Im gleichen Augenblick zogen auch schon die Pferde an. Der Vater hatte es eilig, denn der Weg zur Stadt war lang. Die Farm des ehrenwerten Mr. Ford lag viele Meilen von Detroit entfernt, und für den zwölfjährigen Henry war es immer ein Vergnügen, von der einsamen Farm zur Stadt zu kommen. Natürlich war Detroit 1875 noch keine Großstadt, aber gegenüber dem kleinen Dearborn bot es doch immer wieder vieles, was dem aufgeweckten Jungen neu war.

Die Pferde trabten munter in den schönen Morgen hinein, und es war eine wirklich angenehme Fahrt, wenn auch der Wagen auf dem manchmal recht schlechten Wege böse rumpelte. Das war man ja so gewohnt. Der Vater war nicht eben redselig, und so hing auch Henry seinen Gedanken nach. Aber plötzlich horchte er auf: Was klang denn da für ein dumpfes, regelmäßiges tuff — tuff, tuff — tuff herüber? Das hörte sich ja beinahe so an wie der Auspuff der Sägemühlen-Dampfmaschine. Ob dort vielleicht ein neues Sägewerk erbaut wurde?

Aber nein, jetzt wo der Weg eine Biegung macht, sieht man, was los ist: Mitten auf dem Wege steht, nein, fährt eine Lokomobile, ein Dampfkessel mit Dampfmaschine auf Rädern. Weißer Dampf quillt auf, die Räder drehen sich, und das seltsame Ding bewegt sich vorwärts, obwohl nirgendwo Pferde zu sehen sind.

Henry Ford und die Lokomobile

Die eigenen Pferde spitzen jetzt die Ohren und werden unruhig. Da sagt der Vater „Prr!" und hält sein Gespann an. Im Nu ist Henry vom Wagen gewitscht und saust zu dem niegeschauten Gefährt hinüber. Eine Dampfmaschine, die aus eigener Kraft fährt, die muß er sich unbedingt näher anschauen.

Der Fahrer auf der Lokomobile hat jetzt das Fuhrwerk bemerkt; er stellt den Dampf ab, damit der Vater die unruhigen Pferde vorbeiführen kann. Inzwischen hat der Fahrer Zeit, sich mit dem neugierigen kleinen Jungen zu unterhalten.

Er ist sehr stolz auf seine Maschine, erzählt, daß sie 200 Umdrehungen in der Minute macht, und zeigt, wie die Kraft durch eine Kette auf die Hinterräder übertragen wird. Statt dessen kann man auch einen Treibriemen auf ein Antriebsrad legen und damit dann andere Maschinen antreiben, eine Dreschmaschine etwa oder eine Säge. Ganz besonderen Eindruck macht es auf Henry, daß man die Antriebskette auskuppeln kann, um den Wagen zum Stehen zu bringen, ohne die Maschine außer Betrieb zu setzen.

Jetzt ruft der Vater ungeduldig. Henry hätte die selbstfahrende Maschine, die erste, die er in seinem jungen Leben sah, gern noch näher untersucht, doch der Vater gibt keine Ruhe. So trollt er sich zum Wagen, aber unauslöschlich hat sich das Bild dieses ersten Selbstfahrers, so plump er auch war, dem Jungen eingeprägt. Niemals hat ihn das Problem der selbständig fahrenden Maschine wieder losgelassen.

Als aus dem kleinen Henry der große Mr. Ford geworden war, der viele Millionen Autos baute, da hat er selbst gesagt, daß jene Lokomobile schuld daran sei, daß er in die Automobiltechnik hineingeriet.

Vorerst hatte das allerdings noch gute Weile. Zwar bastelte er viel an Selbstfahrer-Modellen herum, auch während seiner Maschinenbauerlehre und als Maschinist bei der Elektrizitätsgesellschaft. Immer aber waren es Dampfwagen, und er verzweifelte schließlich an dem Problem, weil die Dampfwagen für die meist sehr schlechten Straßen zu schwer wurden.

Da lernte er 1886 in einem Eisenwerk einen Ottomotor kennen. Er mußte ihn reparieren und konnte daher weidlich an ihm herumbasteln. Anschließend baute er sich selbst verschiedene Motoren, und 1892 wurde sein erstes Automobil fertig, das jedoch erst 1893 einigermaßen lief.

Er meldete 1895 diesen Wagen zu dem ersten Automobilrennen der Neuen Welt an, das auf der Strecke Chicago — Vaukejan — Chicago mit 92 Meilen Länge gefahren wurde. Aus unbekannter Ursache zog er seine Anmeldung im letzten Augenblick zurück. Sieger in diesem Rennen wurde Oskar Müller auf Benz — es war der einzige Wagen, der am Ziel ankam.

Im gleichen Jahr noch wurde dieser von einem Duryea geschlagen, einem Wagen, der dem Benz genau nachgebaut war. Im gleichen Jahr wurde auch ein Hildebrand-Motorrad in Amerika nachgebaut. Offenbar ging man mit geistigem Eigentum dazumal in Amerika sehr großzügig um. Demgegenüber legt Ford großen Wert darauf, als selbständiger Mit-Erfinder des Automobils zu gelten. Offenbar hat aber auch er auf den Schultern der europäischen Auto-Pioniere gestanden.

Ein Elefant siegt über das Auto

Das Jahr 1895 wurde für die amerikanische Automobilindustrie auch sonst von großer Bedeutung. Schon 1879 hatte Georg Selden, ein smarter Patentanwalt, ein amerikanisches Patent auf eine Straßenlokomotive eingereicht, ohne diese näher zu beschreiben. Sicher hatte er von den in Europa damals aufkommenden Dampfwagen gehört und wollte sich mit seinem Patent ein müheloses Geschäft sichern. Anderthalb Jahre hatte er sich nicht um das Patent gekümmert, aber 1895 reichte er eine ganz allgemein gehaltene Beschreibung ohne jeden erfinderischen Gedanken ein, eine Beschreibung, die jeden Selbstfahrer und somit auch das Auto einschloß. Kurioserweise wurde ihm das Patent zugesprochen, und damit wurden ihm alle neuen Automobile Amerikas lizenzpflichtig.

Praktisch führte das dazu, daß Amerika von der europäischen Autoentwicklung abgeschnitten wurde und zunächst eigene Wege ging. So kam es, daß es um die Jahrhundertwende in Amerika nach den Feststellungen des Franzosen Bonneville folgende amerikanische Kraftwagen gab: 1 681 Dampfwagen, 1 375 Elektromobile, 936 Benzin-Autos.

In Amerika hatte sich also 1900 das Benzin-Auto durchaus noch nicht durchgesetzt. Ford hatte bis dahin erst drei Wagen gebaut. Noch deutete nichts darauf hin, daß Amerika einmal das gelobte Land der Autos werden sollte.

Einen Autosport, wie er sich bereits in Europa entwickelt hatte, gab es nicht, aber Rennen wurden trotzdem ausgetragen. Veranstalter waren meist geschäftstüchtige Unternehmer, die manchmal auf recht ausgefallene Ideen kamen.

So wurde 1899 im Ridgewood-Park von New York „Das Rennen der Jahrhunderte" gestartet, ein toller Klamauk. Tiere, Menschen und Maschinen sollten um den Geschwindigkeitspreis kämpfen. Hier die Teilnehmerliste:

„Ben Ali", ein zweihöckriges Kamel, geritten von einem nachgeahmten Araber. „Sid", Amerikas größter Elefant, geritten von seinem Wärter. „Australian Ben", ein sechsjähriges Zirkuspferd. Ein bekannter Rennfahrer mit seinem Fahrrad, und ein Berufsfahrer — so etwas gab es also schon! — mit seinem Auto.

Bei einem Probegalopp waren sich Pferd und Kamel einig in ihrer Abneigung gegen das knatternde, ratternde und stinkende Automobil. Das Pferd stellte sich prachtvoll auf die Hinterhand, und das langhaarige Wüstenschiff drohte querfeldein auszubrechen; offenbar war ihm in der Wüste ein Auto noch nicht begegnet.

Nach vieler Aufregung, bei der Tausende von Zuschauern ganz und gar auf ihre Kosten kamen, standen schließlich die Teilnehmer in folgender Aufstellung zum Start bereit: Kamel und Elefant, Automobil, Pferd und Radfahrer. Die beiden Letztgenannten waren offenbar beim Publikum die Favoriten, nicht etwa das Auto.

Endlich senkte sich die Startflagge. Der listige Elefant schien vollkommen zu begreifen, worauf es ankam. Bevor bei dem dämlichen Kamel der Groschen gefallen war, hatte Sid mit ein paar schnellen Schritten die Spitze des Feldes gewonnen. Triumphierend hob er den Rüssel und trompetete: „Wer es wagt, in meine Nähe zu kommen oder gar vorbei will, wird zertrampelt!"

Eilig schaukelte er dahin, paßte aber auf wie ein Schießhund, daß keiner der Konkurrenten auf der eingezäunten „Rennbahn" ihn überholte. Kam nur einer in seine Nähe,

so schlackerte er wild mit den langen Ohren und trompetete drohend. Die Zuschauer johlten und pfiffen, aber Sid ließ sich nicht beirren. Keiner der Konkurrenten wagte einen ernsten Angriff, denn sie alle liebten ihr Leben. So ging Sid mit einer Elefantenlänge als Erster durchs Ziel; ich habe nichts davon gehört, daß er disqualifiziert worden ist.

Ja, so ging es damals zu in „Gottes eigenem Land"!

Zum Auto gehört noch mehr

Wenn es kein Erdöl, kein Benzin gegeben hätte, vielleicht hätte es überhaupt keine Motorisierung gegeben, vielleicht wäre die Entwicklung aber nur verzögert worden, denn es gibt ja auch noch flüssige Kohle.

Im Jahr 1853 wurde in Galizien die erste Erdöl-Raffinerie gebaut, und bald piekte man überall unsere Erde, um genug Erdöl zu schaffen. Seit die Amerikaner Drake und Smith 1859 zum erstenmal zusammenschraubbare eiserne Rohre für Tiefbohrungen verwandten, nahm die Erdölindustrie eine stürmische Entwicklung.

Um gutes Petroleum zu gewinnen, mußte man die leichteren Bestandteile des Rohöls, wie Benzin, Gasolin und Petroläther, abtrennen, ebenso die schwereren, wie Solaröle, Paraffin und Asphalt. Alles das waren zunächst Abfälle. Das Leichtdestillat Benzin hatte noch nicht mal einen anständigen Namen, und nur die Apotheken verkauften manchmal ein paar Liter. Da merkte Siegfried Marcus, der in Wien an einem Selbstfahrer herumbastelte, daß man das flüssige Benzin leicht vergasen könne und daß dieses Gas sich genausogut zum Betrieb eines Gasmotors eigne wie Leuchtgas. Das war eine gewaltig wichtige Entdeckung, die den Namen Marcus weit stärker mit der Geschichte des Autos verbindet als seine Selbstfahrer-Versuche. Davon schrieb Professor Reuleaux seinen Deutzer Gasmotoren-Freunden. Der Professor prägte wohl auch den Namen „Ligroin", der sich jedoch nicht durchsetzte.

Mit der Entwicklung der Motoren, insbesondere der steigenden Verdichtung des Gas-Luft-Gemisches vor der Entzündung, stiegen auch die Anforderungen, die man an den Treibstoff stellte. Vor allem galt es, das „Klopfen" zu verhindern.

Es handelt sich bei dem Klopfen um eine unerwünscht rasche Verbrennung des Treibstoffes, die durch eine Art Selbstentzündung hervorgerufen wird. Das „Klopfen" frißt Leistung; man verhindert es durch Zusatz von Antiklopfmitteln.

Mit all den Einflüssen, die vom Treibstoff auf die Motorleistung ausgeübt werden, befassen sich die Brennstoff-Chemiker, die von den großen Benzin-Gesellschaften zu allen großen Rennen entsandt werden. Sie mixen allerlei Zaubermittel in den Treibstoff, bei trockenem Wetter sogar klares Wasser, und jeder Rennfahrer schwört, daß eine schlechte Leistung seiner Maschine nur vom schlechten Treibstoff komme.

Eine Erfindung, die zu früh kam

Autos fahren auf Straßen. Niemals aber werden die Straßen so gut werden, daß man auf die Federung beim Kraftfahrzeug verzichten kann. Wirksamster Teil dieser Federung ist die elastische Bereifung der Räder entweder durch Kautschuk allein, Vollgummireifen, oder durch eine Verbindung von Kautschuk und Luft, Pneumatiks.

Der deutsche Name Kautschuk stammt von dem indianischen Wort „cahuchu", das „weinender Baum" bedeutet. Die hervorragendste Eigenschaft des Kautschuks ist seine Elastizität. Technisch verwendbar wurde der Kautschuk erst, als Goodyear 1839 die Heißvulkanisation erfand und 1846 Parker die Kaltvulkanisation. Erhöhte man den bei Weichgummi üblichen Schwefelzusatz von maximal 10% auf 40 — 70%, dann ergab sich Hartgummi.

So konnte man jetzt die Kutschwagen mit Vollgummireifen versehen, um die Stöße zu mildern. Der Engländer William Thomson erfand 1845 die Luftbereifung, bestehend aus einem ledernen Außenmantel und einem inneren Gummischlauch mit Füllventil. Diese Erfindung aber setzte sich nicht durch, weil sie ein halbes Jahrhundert zu früh gemacht wurde. Dabei kam er auf den Gedanken, einen luftgefüllten Gummischlauch zwischen Radfelge und Straße zu legen.

Als vielbeschäftigter Tierdoktor kam er lange nicht dazu, den Gedanken zu verwirklichen. Erst sein zehnjähriger Sohn Johnnie gab den Anlaß, daß er sich ans Basteln machte. Er hatte ihm nämlich ein Dreirad geschenkt, und nun war es Johnnies größtes Vergnügen, mit anderen Schülern um die Wette zu fahren. Daß er dabei selten an der Spitze lag, wurmte ihn ganz gewaltig, und der Papa mußte ihn oft trösten. Aus Liebe zu seinem Jungen begann er, mit dem Luftreifen zu experimentieren.

Zuerst besorgte er sich eine runde Holzscheibe von etwa 40 Zentimeter Durchmesser, kaufte sich ein großes Stück Gummi, einen Millimeter dick, und klebte daraus einen Schlauch, zu der Holzscheibe passend. Einige Schwierigkeiten machte ihm das Luftventil, aber Johnnies Fußball war ihm ein gutes Vorbild; seine Fußballpumpe benutzte er auch zum Aufpumpen des Schlauches.

Eines Abends ist endlich die Luftbereifung fertig, und Johnnie braust noch um 10 Uhr abends mit dem Dreirad zur ersten Erprobung los. Am nächsten Tage siegte er haushoch über alle Wettbewerber. Johnnie strahlte.

Dann arrangierte der Vater ein Wettrennen zwischen den beiden Besitzern des größten Fahrradladens von Belfast und Johnnie. Mister Edlin war ein geübter Rennfahrer und kam doch nur so eben mit dem kleinen Jungen mit; er prustete dabei wie eine Lokomotive, während Johnnie bis hinter beide Ohren grinste. Der dritte edle Renner hatte schon nach wenigen hundert Metern aufgegeben.

Das war 1888. Über die Radrennbahnen fand der Luftreifen schnelle Verbreitung und kam auch zum Kontinent. Da vor allem in Frankreich eine enge Verbindung zwischen Radsport und dem soeben aufgekommenen Kraftfahrzeug bestand, entwickelten die Brüder Michelin Autoreifen und wurden darüber zu Frankreichs Gummikönigen. 1896 fuhren schon mehrere mit Luftreifen ausgerüstete Motorwagen beim Rennen Paris — Marseille — Paris erfolgreich mit. Damit war der Sieg der Luftbereifung entschieden.

Als die ersten Wagen mit den neuerfundenen Pneumatiks und ihren stolzen Besitzern auf die Landstraße kamen, hatten die Monteure keine ruhige Stunde mehr, weder bei Tage noch bei Nacht. Immer wieder kamen telefonische oder telegrafische Hilferufe aus allen Gegenden, wo Autler saßen und mit ihren Pneumatiks nicht einig wurden. Die Monteure waren damals mehr unterwegs nach allen Himmelsrichtungen als in der Fabrik.

Der Rekord des Obermeisters Dietrich

Es hat noch lange gedauert, bis der Luftreifen so vervollkommnet war, daß er dem Laien keine Schwierigkeiten bei der Montage mehr bot. Heute kann man sich das kaum noch vorstellen. Im Augenblick ist solch ein Wechsel des Reifens samt Felge vollzogen.

Den Weltrekord hält der leider 1949 verstorbene Rennreifen-Obermeister Carl Dietrich von Continental: 19 Sekunden! Fast 50 Jahre hat Carl Dietrich die Rennwagen auf allen Bahnen der Erde mit Conti-Reifen ausgerüstet und sie väterlich betreut. Häufig war er sogar als Beifahrer aktiv dabei, und er erinnert sich: „Wenn ich mit Jenatzy, dem Gordon-Bennet-Sieger von 1903, auf der Strecke war, hieß es häufig: 'raus aus dem Mercedes, Kappmesser in die Hand — und dann wurde die defekte Decke einfach durchgesäbelt, damit es schneller ging." Beim Grand Prix von Frankreich 1908 mußte der Sieger

Lautenschlager an seinem 120-PS-Mercedes durchschnittlich alle 70 bis 80 Kilometer Reifenwechsel vornehmen, oft genug auf freier Strecke.

Nach dem ersten Weltkrieg gab es auf dem Reifengebiet bahnbrechende Neuerungen. Sorgfältig entwickelte Reifenprofile bewährten sich, das 1921 eingeführte hochelastische Baumwoll-Cordgewebe ermöglichte wenige Jahre später die Schaffung der Niederdruck-Ballonreifen, und die Beimischung von schwarzem Gasruß erhöhte gewaltig die Abriebfestigkeit. Gleichzeitig erhöhte aber auch der Bau ausgesprochener Rennstrecken, wie der schnellen Avus und des reifenfressenden Nürburg-Ringes, die Beanspruchungen der Rennreifen ungeheuerlich. Durch die unheimlich steigenden Geschwindigkeiten erhitzten sich die Reifen gewaltig, und die Hitze ist der schlimmste Feind eines jeden Reifens.

Reifen können Rennen entscheiden, aber auch zu einer tödlichen Gefahr für Fahrer und Zuschauer werden. Darum werden Rennreifen auf einem besonderen Reifen-Prüfstand auf Herz und Nieren untersucht. Geschwindigkeiten bis zu 600 km pro Stunde können auf dem Vahrenwalder Prüfstand der Conti erzeugt werden. Die ganze Anlage ist in 12 mm starkes Panzerstahlblech eingehüllt, denn mit explodierenden Reifen ist nicht zu spaßen. Durch die Panzerglasschlitze kann man seltsame Veränderungen des mit hoher Geschwindigkeit umlaufenden Reifens beobachten. Beispielsweise läuft von 300 km/Std. an ein Reifen nicht mehr rund, sondern er wird zu einem Vieleck.

Die jüngste Zeit hat nun eine große Neuerung auf dem Reifengebiet gebracht: Tubeless, den schlauchlosen Reifen.

Seit langem schon experimentierten alle Reifenfabriken der Welt an diesem Problem herum. Der Grundgedanke war, den Reifen durch eine starke Innengummierung luftundurchlässig zu machen und ferner eine luftdichte Verbindung des Reifens mit der Felge zu schaffen. 1943 gelang den Conti-Ingenieuren diese Abdichtung durch Anbringung von Gummilippen am Reifenwulst auf eine so einfache Art und Weise, daß das Patentamt bis 1951 zögerte, ein Patent darauf zu erteilen. Es wurde zwar auf den 14. Dezember 1943 zurückdatiert, aber inzwischen war es längst dem amerikanischen Technischen Informations- und Untersuchungsdienst als willkommene Kriegsbeute in die Hände gefallen. Die großen amerikanischen Reifenfabriken entwickelten danach den Tubeless. Eine schnelle Erprobung wurde dadurch erreicht, daß die ersten Serien an zahlreiche Taxifahrer verschenkt wurden. Nach deren Erfahrungsberichten wurden die Reifen verbessert.

Ein junger Mann namens Robert Bosch

Wohl den meisten Kummer machte den Auto-Pionieren die Zündung des Brennstoff-Luft-Gemisches im Zylinder. Daimler hatte für seinen schnellaufenden Motor die Glührohrzündung angewandt. Gewiß, sie war ein großer Fortschritt, doch war sie beim Automobil keinesfalls ideal.

Es lag nahe, den elektrischen Funken zur Zündung zu benutzen. Carl Benz hat viel mit der elektrischen Zündung experimentiert und viele Verbesserungen geschaffen, aber er klagte: „Das Problem der Probleme trat mir in der Zündung entgegen. Bleibt der Funke aus, dann helfen die geistreichsten Konstruktionen nichts."

Daß dies in wenigen Jahren anders wurde, daß die heutigen Autofahrer kaum noch die Zündelektrik ihres Wagens kennen, weil sie kaum jemals versagt, das ist das Verdienst von Robert Bosch und seinen Mitarbeitern.

Im November 1886 machte sich der damals 25jährige Albbauernsohn Robert Bosch in Stuttgart als Mechaniker selbständig. Er war weit in der Welt umhergekommen, hatte vieles gesehen und an vielerlei Dingen gearbeitet. Vor allem wandte sich der junge Mechaniker der Elektrizität zu, und daher fragte ihn im Sommer 1887 ein kleiner Maschinenbauer, ob er ihm wohl einen Zündapparat bauen könne, wie ihn die Gasmotorenfabrik Deutz bei ihren Benzinmotoren verwende; einen solchen Apparat könne er in Schorndorf sehen.

Nun, Schorndorf war nicht weit, und so schaute sich der junge Meister den Apparat an. Er sah sofort, daß es ihm keine Schwierigkeit machen würde, so ein Ding nachzubauen, aber ob es nicht patentiert war? Irgendeinen Hinweis darauf fand er an dem Apparat nicht, doch fragte er vorsichtshalber bei Deutz danach. Die Deutzer hatten viel zu tun und würdigten den kleinen Mechaniker keiner Antwort. Da baute er also den Apparat, der ordentlich funktionierte und den er auch Daimler vorführte. Daimler mochte Bosch von Anfang an nicht leiden und blieb bei seiner Glührohrzündung. Verschiedene Motorenwerke dagegen kauften Versuchsapparate, doch blieb der Absatz im ganzen recht mäßig.

Die Vorführung eines Zündapparates bei Daimler aber hatte für Bosch eine schicksalhafte Folge. Daimler hatte mit dem englischen Finanzmann Simms zu tun. Dieser brachte nun im Jahre 1897 Bosch einen französischen Dreiradwagen mit einem Dion-Bouton-Motor und beauftragte ihn, dessen unzuverlässige Batteriezündung durch einen Magnetzünder zu ersetzen.

„Wie schnell läuft denn der Motor?" fragte Bosch mißtrauisch.

„Nun, was soll er laufen?" sagte Simms leichthin. „So fünf- bis sechshundert Umdrehungen in der Minute."

„Ui jeh, wenn das bloß klappt!" meinte Bosch, aber sein junger Meister Zähringer sagte zuversichtlich: „Das kriegen wir hin!" Er dachte an den Zünder, den er für die Augsburger Firma Heinle und Wegelin entworfen hatte. Der sollte ja auch für den raschlaufenden Motor eines Dreirades sein. Er hatte gleich erkannt, daß man den schweren Anker so rasch nicht pendeln lassen konnte, und war auf den feinen Gedanken gekommen, statt dessen eine zwischengeschaltete Hülse als Kraftlinienleitstück pendeln zu lassen. Na, und ging die Sache nicht glänzend?

Am nächsten Tag aber staunte Zähringer. Er hatte den Motor anlaufen lassen, und als er Vollgas gab, da haute der ab, daß dem Meister die Spucke wegblieb. Aufgeregt holte er den Chef. „Ich fress' einen Besenstiel, wenn der Motor nicht viel schneller läuft als mit sechshundert Umdrehungen", erklärte er.

Heute ist die Bosch-Zündung weltbekannt

Freilich, das waren bestimmt mehr als 600 Umdrehungen in der Minute, das waren wohl gar mehr als 1000! Aber wie kriegte man wirklich die Drehzahl heraus? Zum Messen solcher Drehzahlen gab es ja noch keine Instrumente.

„Man könnte mit dem Wagen eine abgemessene Strecke fahren und aus der benötigten Zeit die Drehzahl errechnen."

Freilich könnte man das! Aber wer soll denn das Ding fahren? Kann denn jemand damit umgehen? Prüfend schaut sich Bosch im Kreise seiner Mitarbeiter um, und sein Blick bleibt an den leuchtenden Augen des 19jährigen Lehrlings Max Rall hängen.

„Soll ich?" fragt der eifrig.

„Du, Max? Meinst du, daß du mit dem Wagen fertig wirst?"

„Aber sicher!" erklärt Max selbstbewußt, und Bosch glaubt ihm, denn der Max ist ein geschickter Junge.

„Na, dann versuch es mal!" stimmt Bosch zu.

Das läßt sich Max nicht zweimal sagen. Im Nu ist er auf den Wagen geklettert, und einen Augenblick später rattert der aus dem Hofe hinaus auf die Straße. Ohne Führerschein, ohne daß er jemals vorher einen Selbstfahrer bedient hätte, fährt Max sicher den fremden Wagen. Natürlich trabt eine Anzahl Arbeitskameraden hinterher. Auf der Straße nach Wangen wird eine Strecke abgemessen, die Max mit Vollgas durchfährt. Am Anfang und Ende steht ein Zeitnehmer, und als man das Ergebnis auswertet, da erhebt sich ein allgemeines Schütteln des Kopfes: Achtzehnhundert Umdrehungen in der Minute macht der Motor! Ja, ist denn so etwas möglich? Kann denn das sein? Und wird der neue Magnetzünder bei einer so unglaublich hohen Drehzahl funktionieren können?

„Probiere mer's!" wird entschieden, und siehe da, Zähringers Gedanke bewährt sich ausgezeichnet! Natürlich muß ein neuer zwangsläufiger Antrieb geschaffen werden. Viermal bei jeder Umdrehung wird nun der vom Magneten gelieferte Stromstoß durch eine mechanische Abreißvorrichtung des Zündflansches im Zylinder unterbrochen und dadurch ein „fetter" Funke erzeugt. Damit ist die Bosch-Abreißzündung für alle damals geforderten Motor-Drehzahlen geeignet. Allerdings, die vier Zündflansche eines Vierzylindermotors mit ihren stoßenden Abreißvorrichtungen vollführen einen heillosen Krach. Aber das nahm man damals nicht so genau. Hauptsache: Es funktionierte, und das war der Fall.

So kam Bosch zum Kraftfahrzeug, und seit dieser Zeit ist der Name Bosch mit der Entwicklung des Automobils unlösbar verbunden. Darüberhinaus wurde der Name Bosch in aller Welt zu einem Inbegriff deutscher Wertarbeit. Den durchschlagenden Erfolg brachte allerdings erst die seit 1901 von Gottlob Honold entwickelte Hochspannungszündung.

Der junge Honold kam zu Bosch in die Lehre, nachdem er vier Monate auf eine freie Lehrstelle gewartet hatte, denn Bosch nahm damals (1891) nur zwei Lehrlinge an.

Mit Gottlob hatte er einen guten Griff getan. Basteln und probieren tat er leidenschaftlich gern, und eines Tages erwischte ihn der Meister, als er während der Arbeitszeit einen kleinen Elektromotor fertigte. Blutrot war der Junge geworden, er erwartete ein gewaltiges Donnerwetter, aber es blieb bei einer Mahnung zur Pflichterfüllung während der Arbeitszeit. Und dann kam die Erlaubnis, er dürfe nach der Arbeitszeit die Werkstatt für sein Basteln benutzen. Sicher hat der Junge das seinem Lehrmeister nie vergessen!

Nach seiner Lehrzeit studierte Gottlob Honold an der Technischen Hochschule Stuttgart. 1900 traf Robert Bosch seinen früheren Lehrling zufällig, und da er gerade einen erstklassig geschulten Elektrotechniker suchte, bot er Honold die Stelle an. Der neugebackene Ingenieur war von diesem Stellenangebot zunächst wenig entzückt, träumte er doch davon, große Generatoren zu bauen. Schließlich nahm er aber doch die Stelle an, entwickelte die Hochspannungszündung und wurde überhaupt zum technisch führenden Kopf des Unternehmens, dessen Generaldirektor er schließlich geworden ist. Leider starb er bereits mit 47 Jahren.

Die Hochspannungszündung wurde von der Autoindustrie zunächst mit viel Zurückhaltung aufgenommen. Man war die „fetten" Funken der Abreißzündung gewohnt und traute nicht der Zündkraft der kurzen, dünnen Funken, wie der Hochspannungszünder diese hervorbrachte. Der Bann wurde erst gebrochen, als Louis Renault seine Rennwagen mit Bosch-Hochleistungszündern ausrüstete und damit im Grand Prix siegte. Mit diesem Rennen „machte" Bosch das Rennen um die Autozündung. Sprunghaft stieg der Absatz. Rennfahrer aller Nationen verlangten Bosch-Zünder für ihre Rennwagen.

Parallel zur Entwicklung der Zündung liefen bei Bosch Versuche auf allen Gebieten der Elektrizitätsanwendung beim Auto. Er war nun mal der Auto-Elektriker der Welt geworden. Vor allem galt es, die Beleuchtung zu verbessern, denn mit dieser sah es damals noch recht düster aus. Bei den ersten Autolampen stellte man eigentlich höhere Anforderungen an ein gutes Aussehen als an eine hohe Leuchtkraft, denn man wagte sich ja doch kaum an Nachtfahrten heran. Mit der fortschreitenden Entwicklung des

Autos gelangte man schnell von Kerzen über Petroleum zur Karbid-Beleuchtung und schließlich zum elektrischen Licht. Bei diesem war Bosch natürlich wieder führend.

So führt heute jedes Auto sein eigenes Elektrizitätswerk mit sich, um das sich der Fahrer eigentlich überhaupt nicht kümmert. Ja nicht einmal die Automobilfabrik kümmert sich groß darum —, dafür ist eben Bosch da. Die Fachleute von Bosch stehen allen Auto- und Motorradfabriken zur Verfügung.

Vieles gehört noch zum Auto; eine riesige Zubehör-Industrie hat sich entwickelt. Es würde zu weit führen, alles zu behandeln. Betrachtet man das Auto aber als Wirtschaftsfaktor, dann darf man die Zubehör-Industrie nicht übersehen, denn sie gibt vielen tausend Menschen Arbeit und Brot.

Die weitere Entwicklung des Autos schildert der Band:

Tempo! Tempo!

Daß man mit dem „Motorwagen" fahren kann und daß diesem neuen Verkehrsmittel die Zukunft gehört, hat sich um die Jahrhundertwende bereits herumgesprochen. Jetzt gilt es für die junge Automobilindustrie, das Interesse für ihre Produkte zu wecken. Was wäre dafür besser geeignet als spektakuläre Wettrennen? Wo könnte man die verschiedenen Fabrikate besser testen und vergleichen als unter den harten Bedingungen auf einer Rennstrecke?

Das Rennfieber erfaßt die Welt, und wagemutige Rennfahrer erlangen Weltruhm. Sie setzen Leib und Leben ein, um den Sieg für ihren Stall herauszufahren. Und jeder Sieg bedeutet neuen Auftrieb — und neue Aufträge ...